KB125714

우리의 **성장**을
끌어당기는
비밀이 있었다

우리의 성장을 끌어당기는 비밀이 있었다

교육의 여왕이 전하는 마인드 컨설팅

초 판 1쇄 2024년 07월 30일

지은이 김봄날
펴낸이 류종렬

펴낸곳 미다스북스
본부장 임종익
편집장 이다경, 김가영
디자인 윤가희, 임인영
책임진행 이예나, 김요섭, 안채원

등록 2001년 3월 21일 제2001-000040호
주소 서울시 마포구 양화로 133 서교타워 711호
전화 02) 322-7802~3
팩스 02) 6007-1845
블로그 http://blog.naver.com/midasbooks
전자주소 midasbooks@hanmail.net
페이스북 https://www.facebook.com/midasbooks425
인스타그램 https://www.instagram.com/midasbooks

ⓒ 김봄날, 미다스북스 2024, *Printed in Korea.*

ISBN 979-11-6910-742-6 03190

값 18,500원

미다스북스는 다음세대에게 필요한 지혜와 교양을 생각합니다.

교육의 여왕이 전하는 마인드 컨설팅

우리의 성장을 끌어당기는 비밀이 있었다

김봄날 지음

미다스북스

따뜻한 마음으로
전하고 싶은 이야기

• • •

아이는 무엇으로 잘 자라게 할까?
우리 모두의 고민이다.
그 비밀을 전하고 싶었다.
'마인드'라고.

담임교사 경력 20년이 지났다. 나의 경험이 누군가에게 도움이 되고자 시작한 글쓰기이다. 누군가는 나와 비슷한 경험을 했거나, 하고 있거나, 나중에 경험할 것이다. 때문에 미리 지나온 사람으로서 선 경험을 알리고자 한다.

이 책의 독자 중 한 사람이라도 하나의 변화를 가져와 나처럼 따뜻한 교육을 할 수 있길 바란다. 나비효과를 나타낼 수 있기를 기대한다. 이 글의 숨은 비밀인 마인드, 즉 자유로운 나비가 되어 우리나라뿐만 아니라 우주 끝까지 날아갈 거라 상상한다.

관리자의 길이 약 1년 후에 펼쳐질 예정이다. 치열하게, 성실하게, 꾸준하게 직장생활이며 가정생활을 했다. 이런 나의 삶을 누군가에게 도움이 되고자 글로 썼다. 교사의 끝자락에서 발버둥을 치며 책을 썼다. 관리자의 시각이 아닌 교사의 시각에서 쓰고 싶었다. 관리자가 되고 나면 관리자의 눈으로 학교를 보게 될 것이다. 환경이 그렇게 만들어지니까 사람도 그리 변하리라.

그런 난 아직 교사 생활을 하고 있으니 나의 자리에서 교사의 눈으로 학교를 바라보고 글을 쓰는 것이다. 그동안의 경험과 기술을 잊어버리지 않게 생각하고 반복해서 되뇌었다. 이렇게 이 책이 쓰였다. 이 책 한 권으로 당신의 운명이, 마인드 하나로 행운이 바뀌는 순간을 경험할 수 있었으면 한다.

나는 두 아이의 엄마다. 지금은 둘 다 대학 생활을 즐겁게 하고 있다. 부모 곁을 떠나 독립해서 살아가는 아들딸이 있다. 물론 경제적으로는 아직이다. 그래도 부모와 떨어져 잘 지내는 모습이 대견하다.

아이들은 나비처럼 자유로이 자신을 찾아가고 있다. 부모로서 아이에게 갖는 걱정과 불안이 멀어져 간다. 걱정과 불안이 멀어지는 그런 나의 마음 즉 내가 가졌던 마음, 알게 된 마인드를 전하고 싶었다.

부모들과 교사들에게 내가 겪은 부모 · 교사의 마인드를 전해주고 싶은 마음이다. 내 경험을 알리고 좀 더 아이들을 따뜻한 눈으로 관심으로 기르면 좋겠다는 생각이다. 그리고 행복한 부모 · 교사와 행복한 아이들이 사는 세상이 되기를 바란다. 희망한다.

그리고 우리의 꿈은 이루어진다.

마지막으로 나의 글을 책으로 만들기까지 도와주신 미다스북스 출판사 가족분들,

나의 선한 영향력을 알아봐 주신 임종익 본부장님,

초고의 글을 다듬고 다듬어 세련되게 보석처럼 다듬어주신 이예나 편집팀장님.

따뜻한 마음으로 감사함을 전합니다.

이 책이 마음에 드셨으면 합니다.

김봄날

차 례

•
•
•
•

(1부   학교에서 피어나는 우리들의 이야기)

 아이·부모·교사의 아찔한 위기 스토리
- 우리가 원하던 학교인가?

2장 우리를 감싸는 따뜻한 러브스토리
- 이게 바로 우리가 원하던 학교다!

2장 부모의 성장을 끌어당기는 마인드 미션 11가지

부록

※ 학생들의 이름은 모두 가명입니다.

1부

학교에서
피어나는
우리들의
이야기

『아이는 무엇으로 자라는가』에서 버지니어 사티니는
"아이를 키우는 것은 한 세계를 키우는 일입니다."라고 합니다.
그렇습니다.
아이를 키운다는 것,
한 우주인 세계를 키우는 것입니다.
우린 그런 소중한 선물을 받았습니다.

개개인이 모여 우리 사회를 이룹니다.
1장 속 학교에 찾아온 아찔한 위기들을 보면 알듯이
남을 미워하는 마음에 상처와 고통이 따릅니다.
이 아이를 긍정적이고 인간적인 사람으로 키우기 위해
우리 함께 노력해야 합니다.
그럴 때 2장의 러브스토리처럼
우리가 원하는 곳에서 웃음과 사랑이 가득한
따뜻한 나날들이
펼쳐집니다.

1장

아이·부모·교사의
아찔한 위기 스토리

- 우리가 원하던 학교인가?

분노하는 우식이와 아버지

이 아이는 우직하고 듬직하고 말수가 별로 없었다. 하지만 나를 따르는 아이였다. 점심 식사 후 도서관 가는 것을 좋아했다.

"우식아, 선생님이랑 도서관 갈래?"

그럼 밝은 목소리로

"네, 선생님!"

하고 교실 2층에서 1층에 있는 도서관으로 갔다.
나도 책을 고르고 우식이도 읽을 동화책을 3권 골랐다. 그리고 교실로 돌아와 책을 읽는 귀여운 남자아이였다.

그런데 어느 날 도현이가 우식이 지우개를 가져갔다. 도현이가 가지고 싶은 지우개였나 보다. 그걸 본 우식이는 화가 나서 참지를 못했다. 도현이는 더 화가 나게 짓궂은 표정으로 놀렸다. 그런 우식이는 더 화가 나

"이 XX 놈의 새끼야, 빨리 내놔!"

그러면서 순식간에 의자를 들고 던지려 했다.
난 가서 말렸다.

"선생님이 도와줄게. 의자 내려놓자. 응?"

그래서 의자를 내려놓고 난 도현이를 불러 지우개 돌려주고 사과를 하게 했다. 그래도 우식이의 화는 식지 않았다. 9살 어린아이가 이렇게 말과 행동을 하는 일은 처음 겪었다.

그리고 이런 과격한 행동을 한 우식이가 걱정이 되어 학생

들 하교 후 집으로 전화를 걸었다. 할머니가 전화를 받으셨다. 할머니 말씀에 의하면 부모님은 이혼하고, 할머니와 아빠랑 사는 가정이었다. 오늘 있었던 이야기를 해드리고, 우식이하고 대화하고 잘 다독여 달라 부탁했다.

며칠 뒤 비가 오는 날이다. 하교하려는데 복도에서 할머니가 우산을 들고 우식이를 기다리고 계셨다. 전체 학생들이 하교하고 난 후 할머니와 잠깐 상담을 했다. 할머니께서는 의자를 들고 화낸 사건을 아빠가 알게 되고 난 후 아빠는 우식이를 바닷가에 데리고 가셨다는 거다. 그리고 우식이 아빠는 우식이에게 "우식아, 다시 학교에서 의자 들고 욕을 하면 너랑 나 바다에서 죽을 거야."라고 했다는 거다. 난 힘이 빠졌다. 상담의 효과가 역으로 나타났다. '차라리 우식이 이야기를 보호자에게 알리지 말아야 했는가?'라고 생각까지 했다. 평상시에는 그렇게 착한데 화가 나면 괴물로 변하는 아이!

좀 더 관심을 주고 이런 상황이 일어나지 않게 해야겠다고 혼자 씁쓸하게 생각했다.

통통하고 귀여운 아이쿠가
위험한 아이였다

2학년 담임교사를 할 때였다. 안전교육 동영상 중 아이쿠를 닮은 학생이 있었다. 피부는 아주 하얗고 통통한 귀여운 학생이었다. 아침에는 일찍 등교하는 편이었다. 이유는 부모님이 떡집을 했기 때문이었으리라. 떡 가게를 하면 부모님은 일찍 일어나 떡을 찌고 만드신다.

어린 아이쿠는 태어나면서부터 부모님이 떡 가게에 나가면 혼자 지냈나 보다. 그리고 떡집 2층에 조부모가 살고 있었다. 그래서 조부모님이 돌보기도 하셨다.

교실 속 아이쿠의 모습은?

1. 관찰력이 뛰어나다.

2. 노래를 잘 부른다.

3. 자신이 갖고 싶은 것은 다 가져야 한다. 그래서 몰래 잘 가져간다. 심지어 교사의 물건까지도 허락 없이 만지고 가져간다. 현장에서 들켜도 자신의 논리를 이야기하며 자기 것이라고 우긴다. 그러다 자기가 가져간 걸 들키면 수용하고 반성한다. 그때뿐이다. 순진한 교사는 믿고 용서해 주었는데 다음에 또 그런다.

4. 상황별 말과 행동을 빠르게 한다. 즉 눈치가 빠르다. 상황을 모면하기 위한 말을 잘해서 속을 수도 있다.

5. 자유분방한 스타일이다. 생각 속에 규칙과 질서라는 건 거의 없다. 다른 아이에 비해서 현저히 낮다. 자유분방한 성격의 소유자다. 급식시간에는 아이쿠가 제일 앞에 서야 한다고 생각한다.

6. 식욕제어가 잘 되지 않는다. 밥과 반찬은 허겁지겁 많이 먹는다. 꼭꼭 씹어먹지 않는 편이다. 편식이 심하고 맛있는 반찬 즉 고기는 또 받아먹는다.

7. 아이쿠는 기분이 잘 변한다. 화가 나면 말보다는 친구를 잘 때린다. 사기가 싫어히는 친구면 지나가면서 치고 간다. 그럼 맞은 친구는 또 때린다. 그래서 싸움이 된다. 교

사는 말리고 지도한다. 아이쿠는 사과를 하지만 그때뿐이다. 또 그렇게 하기가 일쑤다.

수업 시간에 참여하다가도 갑자기 복도로 뛰어나가는 때도 있다. 그리고 수시로 엄마에게서 전화가 와서 스마트워치로 받기도 한다. 엄마는 수시로 학교에 아이쿠의 준비물을 갖다 주기도 한다.

키가 작아 키 번호가 1번인 아이쿠.
무용 시간엔 키 번호로 줄을 서서 이동한다. 그 때 1번이 제대로 못 서니 뒷줄도 줄을 서기가 어렵다. 줄을 서는 데도 한참이 걸린다.

끝이 없는 교육은 계속되었다. 어떤 교육이냐구요?

남의 물건 만지지 않기
허락 얻고 만져보기
줄 서기
친구 때리지 않기

욕하지 않기

수업시간에 허락받고 복도 가기

이런 아이쿠는 교사의 에너지를 많이 빼앗아간다. 학급 학생 23명에게 공평하게 나누어 주어야 하는데 말이다. 그래도 교실의 평화를 위해 아이쿠를 교육해서 아주 조금씩 변했다.

남의 물건은 허락받고 만지고, 욕 덜하고, 친구 안 때리고, 수업 시 허락 얻고 나가고, 줄 서려고 노력한다. 변화에 격려해 주니 서로 웃기도 한다. 아이쿠를 변화시킨 교육 방법은 여러 가지였다. 한 가지 방법만은 아니다. 교사의 성장을 끌어당기는 비법에 모두 써두었다. 여기까지 읽어주시는 분은 끝까지 읽기를 부탁한다.

3

2023년 7월 18일,
서이초 교사 순직 이후

2023년 9월 4일 월요일, 서이초 교사 49제 집회 날이다. 교사들은 서이초 교사의 49제를 추모하기 위해 집단 연가를 내기로 한 날이다. 이때 연가 결재를 못 한다고 한 교장 선생님들이 많았다. 아쉽지만 학생들의 수업권 및 부모의 눈치 등 때문이었다. 이날 난 가까운 집회에 조퇴를 내고 가고 싶었다. 하지만 그날 연가 낸 교사들이 많아 수업을 해야만 하는 상황이었다. 교무부장으로 학교의 입장을 무시할 수는 없었다. 방과후학교도 문제가 생겨 조퇴할 수 없는, 즉 조퇴 낼 상황이 되지 못했다. 몸도 마음도 불편한 날이었다. 어디에 가도 편치 못한 나의 상황이다.

이날 학교들은 비상이다. 어떤 관리자는 연가를 허락하고 즉 교사의 뜻을 알고 대처한다. 미리 강사를 섭외해서 수업을 들어가게 하거나 강당에 모여 행사를 하기도 했다. 반대인 관리자는 연가를 허락하지 않았다. 그래도 교사들은 연가를 신청했다. 빈 교실은 출근한 교사들이 대신하여 수업에 들어갔다. 그리고 관리자들도 수업에 들어갔다.

교권이 너무 추락한 여러 사유와 결과가 서이초 어린 교사의 죽음으로 나타났다. 내가 그리고 당신이 그 주인공이 될 수도 있었다. 우리 교사들은 알고 있다. 이런 상황이 오리라는 것을 말이다.

경력 교사도 힘든 상황인데 아직 겪어보지 못한 상태에서 여기저기서 빗발치는 강한 정신적 스트레스들을 이기려 하다 결국 이기지 못하고 자책감에 잠들고 싶어 자살하는 상황을 말이다. 이런 경우를 겪은 교사들이 많이 있다. 물론 나도 겪었다. 여러 가지 방법으로 이겨낸 것뿐이다. 즉 일 년을 말이다. 우리 교사의 담임 생활은 일 년 단위이기 때문에 일 년을 잘 보내야만 한다. 하지만 험한 일을 겪고 트라우마로 정신적 치료를 받기도 한다. 짧거나 긴 기간 동안 고통받고 있다.

우리 대부분의 교사는 개인의 일로 여기고 버티며 살아가고 있다. 상처를 안고 말이다. 지금 교육에 문제가 있음을 알아도 작은 힘으로 변하지 않기 때문이다.

하지만 이젠 변해야 한다. 그래서 모두가 점이라고 생각하고 모인다. 교육이 안정적이고 성장하기 위해서다. 교실이 불안하고 안정적이지 못한 환경인데 교육이 제대로 되리라고 생각하는가?

몇몇 아이들이 이런 교실 분위기를 엉망으로 만들고 교사는 지도할 방법이 법적으로 없는데 어쩌란 말인가? 그리고 그 부모들마저도 협조적이지 않다면 또 어찌 되는가? 그 교실의 학생들과 교사는 두렵고 불안 속에서 하루하루를 보내야 하게 되는 것이다. 물론 잘못하고 반성하고 더 나아지는 아이들도 있고, 부모님도 협조적이어서 같이 좋은 방법을 찾아가기도 한다. 문제는 그렇지 못한 아이와 부모가 존재한다. 점점 더 그 수가 늘어나는 것이 사회적 문제다. 정상적인 방법으로 교육을 할 수 없으므로 문제가 된다. 수업을 방해하는 아이들과 서로 다투는 일들이 많을 시 다른 아이들은 은연중 피해를 볼 수밖에 없다.

이를 위해 현명한 방법을 모두 함께 찾아야 한다.

교사들의 집회 이후 우리들의 해결점이 아직 미해결이다. 아주 미미하게 변하고 있다. 아쉽다. 이 계기로 교육이 더 성장하길 바란다.

2023년 9월 16일 토요일 서이초 교사 집회에서 떠오르는 것들이다. 이날은 포항에 버스 대절이 있었다. 하지만 남편과 둘이 자가용으로 가기로 했다. 난 이 집회에 가야만 했다. 갈 수 있을 때는 참가한다.

왜?

집회에 가면 나의 과거와 직면한다.

나의 트라우마가 되었던 여러 해가 잊히지 않는다.

잊고 싶어 집회에 간다. 하지만 집회에 가면 같은 현실을 마주한 교사들이 많다는 걸 알게 된다. 그리고 같이 한목소리를 낼 수 있다. 나만의 경험이 아니고 같이 겪는 일이라는 것을 말이다. 같은 아픔을 겪은 교사들의 마음을 눈으로 볼 수 있다.

교사라면 담임일 때의 교실 현장이 서이초 교사와 비슷한 적이 있을 거다. 나도 있었다. 여러 번이다. 1학년부터 6학년까지 골고루 담임했다. 그래서 어느 학년이든 가르칠 수 있다고 생각했다. 인성교육 중심, 그다음 기초교육을 중요시한다. 그리고 서로 존중하고 배려하는 아이들로 교육하고 싶어 한다. 또 각 아이의 장점을 키우려고 교육한다. 독특한 면을 칭찬하고 격려한다. 아이들을 격려하여 모두 성장하는 교실을 꿈꿨다.

2024년 7월 18일, 서이초 교사 순직 1주기 추모행사가 있다. 함께라는 믿음, 다시 가르칠 수 있는 용기를 주고, 선생님을 기억하겠습니다! 이번 일로 우리 교육의 가치를 다시 생각하고, 함께 성장하는 기회를 얻어야겠습니다.

이주호 부총리는 서이초 1주기 추모행사에서 "교권 5법, 체감이 낮은 것을 안다."며 "어떤 부분에서 좀 더 강화해야 하는지 따져서 보완책도 마련하고 있다."라고 덧붙였다. 또한 "교권 보호를 위해 근본적으로는 학생들의 사회정서 역량을 키워주는 것도 중요하다."고 강조했다.

교육제도도 더 상처받는 아이·부모·교사가 없도록 발 빠르게 변화되기를 바란다.

4

온 학교를 살얼음판으로 만드는
학교폭력

- 학교는 응급실이다

학폭 학생들과 함께하는 교실 생각해 보셨나요?

학교에 학폭 학생이 있는 학교에 근무해 보셨나요?

학폭 학생이 있는 교실 속 학생들은 어떨까 상상해 볼까요?

어느 학년도에는 고학년(5~6학년)에 학폭이 있는 교실이 있었다. 그때 다행히도 난 다른 학년 담임교사였다. 같은 학교에 있었던 학생 이야기라 간접적이다. 영수는 보육원에서 학교에 다녔다. 물론 가정 형편, 가정 사정이 좋지 않은 건 분명하다.

가정에서 버림받았다고 생각하겠죠? 부모가 있음에도 데려 갈 상황이 아니었다. 물론 우리 반에도 보육원에서 다니는 학생들이 있었다. 그 학생은 밝게 학교생활을 잘했다. 부족한 면들이 있기는 해도 친구들과 사이좋게 어울리려고 노력했다.

영수의 잘못은 아니다.

그런 영수는 분노에 차 있었다. 그래서 이 학생의 얼굴을 보면 화나 있고, 말만 하면 욕을 사용했다. 자신의 기분에 따라 행동을 하는데 학교 선생님들 말도 잘 듣지 않았다. 그래서 항상 교무실은 비상대기였다. 학생과 갈등이나 물품을 파손시키기도 했다.

담임교사의 고통을 알기에 교감 선생님께서도 항상 그 영수를 지도하고 상담했다. 그런데도 나중에 알게 된 놀라운 사실은 자신의 친한 친구를 샌드백이나 장난감처럼 때렸다. 맞은 학생은 부모님과 선생님에게 말하지 않았다. 맞은 아이는 부모님이 알게 될까 두려웠나 보다. 그때는 학교폭력 관련 학생들을 즉시 분리할 수 있는 근거가 없었다. 지금이라도 즉시 분리할 수 있어 다행이다. 그래서 늦게 밝혀진 것이다. 맞은 학생은 얼마나 힘들었을까?

물론 그 사실을 알게 되고 학폭위를 열었다. 그 당시 전학 처분이 나와서 2학기 가을쯤 다른 작은 학교로 전학을 갔다.

　그리고 조금씩 교실은 회복이 되었다. 담임교사도 교체되었다. 다행인지 밖에서 보기에는 새로운 담임 선생님은 학급을 잘 이끌어 갔다.

　원래 담임 교사는 병가를 들어가시고 복직하여 일하시고 평화를 조금씩 찾아가셨다. 그때 그 교사도 퇴직을 준비해야 하나하고 고민을 하셨다. 그런 마음을 아는 우리 동료 및 관리자는 도울 수 있는 것들을 함께 했다. 그래서인지 선생님은 고난의 한 해를 잘 이겨내셨다. 그리고 지금은 다른 학교에 재직 중이시다.

　그해는 교실 학생들, 교사, 교감 선생님에게 마음의 상처를 남겼다. 그런 해는 학교 전체가 조용하고 살얼음판이었다.

　다른 교실의 교사들도 힘들지 않은 것은 아닙니다.
　말하지 않고, 나름대로 최선을 다하고 있었습니다.
　저도 그해 교실 아이들이 만만치는 않았거든요!
　온 힘을 다해 학급을 경영하고 상담하고 가르치고 있었거

든요!

영수는 아주 작고 낯선 학교에서 모든 학교 직원들의 따뜻한 관심과 사랑을 받으며 지냈으리라 생각한다.

영수도 그런 새로운 환경에서 자신을 돌아보며 마음을 돌아보는 계기가 되었으리라 생각한다.

그 뒤 영수 소식은 듣지 못했다.

가벼운 학폭은 빈번한 경우도 많다. 그리고 교사의 지도로 서로 사과하고 반성하며 다시 사이좋게 지내는 경우도 많다. 지속적, 반복적, 의도적인 학폭의 경우에는 반드시 신고 접수해서 처리해야겠지요? 하지만 학교에서는 이런 일들이 일어나지 않도록 예방 교육이 우선시되어야겠다. 가정에서도 협조하여 함께 사는 사회에 내 아이가 교실에서 잘 어울려 지낼 수 있도록 교육해야겠다.

자신을 사랑하고 남을 배려하는 마음을 키우면 어떨까요?

5

학교폭력
CASE by CASE

학교폭력! 피해 학생, 담임교사, 담당 교사 모두에게 고통이다.

방과후교실 수업 시간에도 학폭이 일어난다. 정규 교육과정 속에서는 담임교사의 지도로 친구들과 잘 지내는 학생이다. 정규 교육과정이 끝나고 학교에 방과후수업을 여러 학년이 신청해서 듣는다. 그리고 일주일에 한두 번 만나는 방과후 강사와의 수업에서는 학생이 또 다른 말과 행동을 하기도 한다. 그래서 학교폭력 신고가 들어온 경우도 있었다.

예를 들면 6학년 남학생이 5학년 여학생의 얼굴을 때려 부모님이 알고 신고하는 경우이다. 이때 강사의 책임도 있지만, 자세한 해결 과정은 오롯이 담임교사 및 학교폭력 담당 선생님이 해결해야 한다. 방과후 강사는 수업 끝나고 가면 끝나는 경우가 많다.

그리고 담임교사의 부모의 전화상담 결과 학교폭력으로 신고 접수까지는 원하지 않으셨다.

피해 학생의 부모님께서 가해 학생의 사과는 물론 그 학부모의 사과까지 듣고 싶어 했다. 피해 학생 부모님의 말씀대로 학교에서는 그렇게 해결해 드렸다.

그 뒤로 6학년 남학생은 그런 행동을 하지 않았다. 그 아이에게는 좋은 교육 기회가 되었다. 친구를 때리는 것은 자신뿐 아니라 부모님도 힘들게 한다는 것을 알게 되었나 보다.

피해 학생 부모님의 마음은 아프셨지만
한 번의 실수라 생각하시고, 그런 상황에서 그런 반응이 있을 수 있다고 이해하시고, 가해 학생에게 반성 기회를 주셔서 잘 마무리되었다.

물론 이 사례의 경우도 학폭으로 접수 처리할 수 있는 사안이다.

학교폭력!!!

예방 교육으로 학교폭력 zero인 학교 만들기가 필요하다.

올해 나의 업무는 학폭 담당이다. 학폭 전담 경찰관 제도가 올해부터 도입되었다. 다행히 올해 학교에는 학폭이 없어 실감하지는 못하고 있다. 계속 실감하지 못하게 될 것 같다. 지금처럼 이렇게 우리 모두 노력하는 학교가 되었으면 하는 바람이다. 선생님, 부모님, 아이들 모두 행복한 학교생활을 보내는 것이 지금의 일상이기 때문이다. 작은 다툼은 대화로 해결하는 것이 답이다. 작은 다툼을 잘 해결하면 서로 관계가 좋아진다. 그리고 우리 교직원들은 항상 아이들을 관심 있게 보고 우리 아이들의 행복한 교육을 위해 힘쓰고 있다.

어제 학교폭력 담당 교사 연수를 들었다. 강사님께서는 말씀하셨다.

"학교폭력 업무를 담당하는 3년 동안 산으로 도망가고 싶었습니다. 3년이 아닌 30년이란 세월을 보낸 느낌입니다. 이 자리에 오신 담당자 선생님 고생 많으십니다."

우리 학교 교직원과 부모님과 아이와의 함께한 가치 아래 교육활동을 하고 있어 평화로운 나날을 보냄이 감사하다.

감사하다. 앞으로도 쭉~ 평화로운 날이 되길 기도한다.

6

사과가 힘든 부모

- 아이의 잘못을 인정하지 않는 엄마

3학년 민수는 말하는 것과 표정이 애어른 같은 아이다. 관찰력이 좋은 아이다. 그리고 정리 정돈을 잘한다. 그러나 친구들이 자기가 생각한 것과 다르게 놀면 때리는 아이였다. 친구가 잘못한 것이 있으면 자기의 판단으로 때렸다. 손으로 때렸다. 그리고 친구가 교사에게 알려주고 교사가 학급에서 정한 봉사활동으로 청소를 한다. 그리고 친구에게 사과한다. 하교 후 청소를 하는데 너무 열심히 하는 아이다. 미니 빗자루와 쓰레받기로 작은 쓰레기를 잘 모은다.

옆 반 담임 선생님은 이런 민수를 보시곤 친구가 청소를 잘한다고 칭찬을 하시기도 하신다.

그런 민수가 다음부터는 친구를 때리지 않았으면 하는데

또 비슷한 상황이 생기면 친구를 때리는 것이다. 교사가 보지 않는 장소에서 그렇게 한다.

한번은 민수가 같은 아이를 여러 번 때렸다. 맞은 아이가 다친 것은 아니지만 맞은 아이 엄마는 화가 나셨다. 그럴 만도 하다.

"선생님 이번까지는 화가 나도 참습니다. 그러나 한 번 더 민수가 우리 아이를 때리면 그때는 참지 않겠습니다."

"네 어머니! 매우 속상하시죠? 저도 계속 지도하고 민수 부모님께도 계속 알려서 가정에서 지도하도록 전하겠습니다."

이런 내용을 민수 엄마에게 연락하여 전한다. 하지만 민수 엄마의 반응은 차갑다. 마지못해 대답하신다. 가정과의 협조가 되지는 않았다.

결국은 한번 더 일이 터지고야 말았다. 민수는 친구를 또 때렸고 맞은 아이의 엄마는 화가 나셨다. 그래서 다음 날 두 엄마는 교실에서 만났다.

하지만 때린 민수의 엄마는 미안해하지 않았다. 맞은 아이가 잘못해서 맞았다고 생각을 했다. 교사는 중립적으로 어떤 상황에서 민수가 친구를 때렸다고 했다. 어찌 되었건 말로 친구와 해결하는 것이지 때리는 것은 잘못이라고 알려주었다. 그런데도 민수의 잘못을 엄마는 사과하지 않았다. 결국 학교폭력 신고 절차를 밟게 되었다.

7

스모킹건 자살한 승민이 이야기

- 다시는 이런 일이 없어야 한다

'왜 아프다고 말하지 않았을까요?'

2011년 12월 20일 직장에 출근한 엄마에게 한 통의 문자가 왔다.

"승민이가 등교하지 않았어요."

집에서 투신해 스스로 목숨을 끊은 승민이 이야기다. 부검 결과 온몸에는 멍이 발견되고 집에는 유서가 남아 있었다. 내용은 같은 학교 가해자들이 하교 후 승민이네 집에 와서 온몸을 구타하며 지속해서 때렸다고 말이다.

'아이가 얼마나 힘들었으면 사랑하는 가족을 두고 떠날 마음을 먹었을까?' 생각하면 눈시울이 적셔진다.

이 방송에 故 승민 군의 어머니가 직접 출현해서 "왜 그때 아들이 그 고통을 얘기할 수 없었는지 생각하면 너무 마음이 아프고 미안하다."라며 "지금 승민이처럼 고통받는 누군가가 있다면 꼭 주변에 도움을 부탁했으면 좋겠다."라고 출연을 결정한 이유를 말씀하셨다.

시작은 이랬다. 승민이와 친구는 게임을 했다. 친구는 게임 고수인 승민이 보고 대신 게임 레벨을 올려달라 했다. 그래서 착한 승민이는 친구를 위해 게임을 했다. 그런데 하는 도중 해킹을 당해 그동안 키운 아이템이 모두 사라진 것이다.

그때부터 학교폭력은 시작되었다. 가해자 둘이 학기 초에 시작한 이 학폭은 8개월 동안 지속되었다. '죽여버린다'는 협박도 하고, 야구방망이로 때리거나 물고문을 하는 등 상상할 수 없을 정도의 학폭을 저질렀다. 방송을 시청하면서 어떻게 이런 일이 일어날 수 있을까? 라고 생각했다.

재판까지 진행되면서 밝혀진 가해자들의 말이 충격적이다.

"장난으로 한 일인데 이렇게 될 줄 몰랐어요."

분통 터진다. 그리고 시간이 지나도 가해자와 학부모들의 사과도 없었다.

승민 군의 유서 일부다. "참아보려는데 그럴 수 없었다. 나 자신이 비통하다. 불효인지 알지만 계속 살아 있으면 오히려 더 불효할 것 같다." "내가 일찍 철들지만 않았어도 여기 없었을 거다. 장난치고 철 안 든 척했지만, 우리 가족을 사랑했다. 매일 남몰래 울고 매일 맞던 시간을 끝내는 대신 가족들을 볼 수 없다는 생각에 벌써 눈물이 앞을 가린다. 내가 없다고 해서 슬퍼하거나 죽지 말아 달라. 내 가족이 슬프다면 난 너무 슬플 것이다. 집도어락 번호 바꿔달라. 가해자가 또 올 수도 있어요. 그리고 부모님께 한 번도 진지하게 못한 말 사랑한다는 말을 못 했는데 지금 전한다. 엄마 아빠 사랑한다."

우린 아이들이 이런 상처를 받지 않게 함께 노력해야 한다. 다시는 이런 일이 일어나지 않아야 한다!

8

업무, 끝날 때까지
끝난 게 아니다

행정업무는 웬일

－ 안전등 업무, 학교 대청소 업무가 교사 업무인가?

－ 교사의 업무만 해도 이미 힘들다.

－ 선생님이 가르치는 일에만 집중할 수 있도록 하라.

우리는 모두 교사는 교육 관련 일을 해야 한다고 생각한다. 당연하다. 그 외 행정적인 업무는 행정실에서 처리하는 것이 마땅하다. 특히 정보업무, 방과후 강사 수당 지급 관련, 환경 물품구입, 교육환경 보호 구역 점검, 교육 급여 및 교육비 지원사업 대상자 확인 업무 등 말이다.

학교 안전등 설치 예산을 행정실 직원이 신청해 두었다. 그리고 안전등 설치 관련 공문이 왔다. 업무 담당인 교사에게 공문이 배부되었다. 이게 말이 되는 일인가? 잘못 알고 있는 게 아닌데 말이다.

또 한번은 학교 대청소 업무를 보건 담당 교사가 하게 되었다. 다른 학교에서 온 교사가 문서를 행정업무로 파악하여 재지정요청을 하였다. 행정실에서는 이 업무를 하지 않았다. 결국 교사가 문서를 접수하였다. 이런 업무는 행정담당자, 즉 시설물 관리하는 행정업무가 아닌가?

하지만 이런 업무를 교사가 하는 학교도 많이 있다는 사실이다. 잘못 알고 있다면 바로 잡아야 한다.

교사라면 교사 본연의 업무도 넘쳐난다. 수업 준비, 수업, 학생 관리, 부모와의 상담, 담임 업무, 담당업무, 평가 등이 있다. 그런데 어쩌다가 행정업무까지 넘어오는 경우가 있다. 이런 일들은 학교마다 일어나지 않게 해야 할 것이다. 어떤 관리자는 아예 행정업무, 교무업무를 확실히 구분해 준다. 하지만 그렇지 않은 학교의 직원들은 갈등을 겪고 있다. 갈등이 없게 공문을 배부할 때부터 애매한 단어로 공문이 이리저리 떠넘기지 않도록 해야 할 것이다. 상위 기관에서 공문 만들

때부터 어떤 분야의 업무인지 분명히 할 필요가 있다고 생각한다. 즉 학교로 송부되는 각종 공문에 접수처를 명시하는 것이 원칙이 되도록 해야 한다.

교사 고유의 업무를 할 수 있도록 말이다. 교육을 위한 일들이다. 교사들에게 수업 준비, 교재연구, 연수 듣고 학급경영 비결을 배우고 익히는 능력을 키우는 시간을 줄 수 있어야 한다. 그리고 교사는 고유 업무에 충실해야 한다.

행정실은 이런 교육을 돕기 위해 직원들을 뽑는 것이 아닌가 생각해 본다.

초임 시절이 생각난다. 그때는 학교에 행정실이 없었다. 그래서 행정업무를 교사가 보았다. 대장을 들고 다니는 초임 교사가 슬퍼 보였다. 이유는 학교 공사, 물건구매 등 이상한 일을 하는 것으로 보였기 때문이다.

그리고 행정실이 있는 학교에서는 주무관들이 행정 업무를 했다. 그래도 행정 업무가 교무부로 넘어와 있는 경우는 여전히 존재해 오고 있다.

교사가 교사의 일을 하게 하는 학교가 되어야 한다.

그것이 올바른 교육을 할 수 있는 최소한의 환경을 만든다.

9

붕괴된 교실이 있었다

내가 맡은 4학년 1반 아이들이었다. 학생 수는 16명이었다. 16명 모두 개성이 톡톡 튀는 아이들이었다. 개구쟁이, 연예인, 방송인, 가수, 과학자, 선생님, 피아니스트, 미술가 등 누구 하나 같은 아이는 없었다. 그 한해 난 질문이 있는 교실에서 수업연구교사를 하며 조용하지만 조용하지 않은 1년을 잘 보냈다.

그다음 해, 5학년을 앞두고 반을 편성할 때 4학년 1반 학생과 2반 학생을 반반씩 섞어 구성했다. 5학년 1반은 경력 20년이 넘은 남교사가 담임이 되었다. 2반은 신규 교사가 5학년 담임이 되었다. 난 5학년 2반 옆에 있는 과학실에서 수업하는 과학 전담 교사였다.

몇 달이 지나자 그 교실은 엉망이 되어가고 있었다. 교실은 청소하지 않아 지저분해지고 있었다.

복도를 지나가면 소리만 들어도 그 교실의 분위기를 파악할 수 있다. 많은 교육 경험으로 얻은 것이리라.

한데 5학년 2반은 심상치 않았다. 수업 시간에 수업을 듣는 학생이 없었다. 의자에 앉아는 있지만 다른 것을 하고 있었다.

시간이 지나서 교감 선생님과 나는 그 반을 도왔다. 역할 분담된 아이들이 청소하게 하고 수업을 듣도록 지도했다. 담임 선생님은 수업을 좀 더 자신 있게 충실하게 준비하고 진행하도록 격려했다.

그리고 얼마간은 교실의 수업 분위기가 좋아졌다. 그러나 일시적이었고 담임교사는 자존심에 상처를 입은 듯했다. 그럼에도 불구하고 나와 교감 선생님은 여러 가지 수업 방법, 생활지도 방법 등을 가르쳐주었다. 담임교사는 노력하고 또 노력했다. 그러나 그 반 학생들이 워낙 개성이 넘치고 활발하다 보니 담임교사의 뜻대로 잘 되지 않았다. 안타깝지만 교실은 붕괴하였다.

　결국은 담임교사가 반 아이들을 포기했다. 간신히 2월 방학식을 마치고 사직서를 냈다. 우린 그 선생님을 도왔지만, 그 선생님이 자신을 포기한 것이다. 열심히 공부해서 교대를 다니며 졸업해 교사로 첫 한 해를 보내긴 했다. 안타깝지만 교직이 아닌 다른 세상을 찾아 떠났다. 그리고 또 다른 꿈을 찾아간다고 했다. 지금은 실패해도 괜찮다.
　다른 꿈을 향해 가는 선생님을 응원했다.

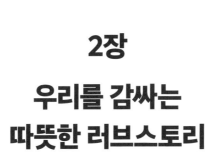

2장

우리를 감싸는
따뜻한 러브스토리

- 이게 바로 우리가 원하던 학교다!

엉덩이에게 졌어요!

점심시간이었다. 급식소에서 밥 먹고 나오는 길이었다. 1학년 승기가 급식소에서 화장실로 걸어가고 있었다. 그런데 걸음걸이가 이상하게 느껴져서 다시 봤다. 엉덩이를 어거적어거적 삐딱거리며 걷고 있었다.

교무실로 왔다. 식사를 마친 담임 선생님께서 교무실에 오셔서 말씀하셨다.

"김 선생님, 승기가 글쎄 화장실 다녀오더니 뭐라 말했는지 아세요?"라고 물으셨다.

승기가 어기적어기적 걷는 것을 봤기에

"똥이 안 나오네 했겠지요?" 하니 담임 선생님께서는 아이가

"선생님, 저 엉덩이한테 졌어요!"

라고 했다는 거다. 그것도 땀을 쫄쫄 흘리면서 이야기했다는 것이다. 담임 선생님은 이 표현이 너무 기똥차고 잘 말했다는 듯이 말씀을 하신 거다. 이건 똥이 나오지 않았다는 말이었다. 아이는 얼마나 큰 사투를 벌인 것일까? 자신과 엉덩이와의 싸움을 말이다.

얼마나 상황이 기특하고 재미있던지 우리 둘은 웃음바다가 되었다.

어떻게 8살 아이에게서 이런 독특한 표현이 나올까라고 생각하면서 그 말을 몇 번이나 되뇌었다.

'아이들에게 역시 배울 게 많아.'

생각하니 엉덩이와 싸움을 벌이며 화장실에 앉아 힘쓰는 승기가 떠오르면서 웃음이 배시시 나왔다.

봉사활동으로
바다 쓰레기 줍다

한 학기에 한 번씩 학교 앞 바닷가에 걸어가서 쓰레기를 줍는다. 환경정화 활동으로 봉사활동을 하는 것이다. 내가 담당이라 업무를 추진하였다.

학교에서 출발하면 걸어서 10분이면 바닷가에 도착한다.
그런데 1학년에서 6학년 학생이 한 줄로 30여 명이 걸어가니 제일 앞장서 가는 언니 오빠들의 걸음이 빨라 1, 2학년이 열심히 걸어도 따라가기 어렵지 않은가?

그럼에도 불구하고 우리 꼬마 1, 2학년 학생들은 길을 걸으면서부터 담배꽁초와 쓰레기를 주우며 걸으니 늦지 않을 수가 없었다. 아이들은 버려진 쓰레기를 두고 올 수 없어 줍는다.

"선생님, 누가 길가에 이렇게 담배꽁초를 버렸어요! 주워야겠어요."

선생님은 아이들의 순수함에 속으로는 언니 오빠 뒤를 연결하여 따라가야 하는데 하면서도 줍게 한다.

너무 예쁜 학생들이 아닌가?

최근에는 학생들에게 휴지 줍자고 하면 "왜 내가 주워요?" 하며 줍지 않는 경우도 만만치 않게 보기 때문이다.

앞장선 언니 오빠들은 기다렸다. 같이 가기 위해서다. 바닷가 앞에 다 모인 우리는 현수막을 들고 활짝 웃으며 단체기념사진을 예쁘게 찍었다. 그리고 학년별로 흩어져 본격적으로 쓰레기를 주웠다. 얼마나 열심히 줍는지 모래에 심겨 있는 줄까지 주우려고 하지 않는가?

이 학교에 처음 오신 교사 한 분은 여기 바다는 처음이라며 기뻐하신다. 그리고 사진도 찍으신다. 학생들은

"우리 선생님 바다 처음 보시는 것 같다."며 웃는다.

그렇게 2시간을 줍고 걸어서 학교에 돌아왔다. 손 씻고 꿀

맛 같은 급식을 어느 날보다 맛있게 먹었다. 좋은 활동, 보람된 활동을 하고 먹어서 더 맛있다. 그리고 아이들은 학교에서 준비한 간식을 먹으며 신나게 논다.

보상 없이 하는 봉사활동으로 지구환경 지킴이가 되었다. 쓰레기 주워 보니 앞으로는 쓰레기를 막 버리지 않겠다는 마음도 생긴다. 봉사는 무엇을 바라고 하는 활동이 아니다. 그런 만큼 더 순수한 마음임을 느낄 수 있다. 우리 교사는 아이들의 봉사로 지구에게 선물을 준 것이다. 올 여름 바닷가 피서객들이 깨끗한 바다를 사용하는 행복한 상상을 한다.

3

케이크로
따뜻한 행복교육 하다

오늘은 케이크 만드는 날이다. 3~4교시에 전교생 30여 명이 넓은 강당으로 갔다. 강사를 초대해서 케이크 만들기 수업을 하기 위해서다.

강사님은 케이크 만드는 영상을 보여주셨다. 그리고 누구나 만들 수 있다고 설명을 하시고 재료를 나누어 주셨다. 1인 1케이크를 만든다.

지름 30cm 크기의 빵을 3단으로 쌓았다. 생크림으로 위를 바른다. 그리고 옆면도 빵이 보이지 않게 바른다. 그리고 예쁜 모양이 나게 원 모양으로 생크림을 지그재그로 짠다. 그리고 딸기로 꾸민다.

마지막으로 초코와 미니 과자로 꾸민다. 그리고 아이들의 소중한 수제 손 케이크를 상자에 넣는다. 상자를 접어 포장한다. 끝이다.

　이렇게 오늘 만든 케이크는 집에 가서 가족들과 먹는다. 이걸 아는 우리 학생들은 집에 가져가서 사랑하는 가족들과 먹을 생각에 잘 참는다.

　무엇을 잘 참는지 눈치 챘는가? 아이들은 빵과 생크림을 먹지 않고 잘 참는다. 1학년도 잘 참는다. 대단하지 않은가? 놀라울 따름이다.

　어른들은 당연히 잘 참지만 어린아이들도 잘 참는다.

　우리 학생들은 부모님이 케이크를 보고

　"이야! 우리 딸, 케이크 잘 만들었네~ 같이 먹자!"

　이런 말을 듣고 싶어서겠지요?

　그리고 달콤한 크림과 딸기 빵을 먹으며 웃음 짓는 모습들을 보고 싶었겠지요?

　학교에서는 이렇게 가족이 모여 웃는 날을 위해 행복교육을 한다.

2박 3일 행복한 여행 스토리

- 코로나19 시대 이후 가장 큰 여행, 서울 일대 체험학습을 가다

서울 일대 체험학습을 계획했다. 노란 버스 이슈로 못 갈 뻔하기도 했다. 일반버스도 된다는 공문으로 우여곡절 끝에 체험을 가게 되었다. 경험은 돈보다 값지기 때문이다.

큰 학교는 더 어려움이 많겠지만 작은 학교는 더 쉽게 가능하다. 예술문화체험은 에버랜드와 뮤지컬 관람, 진로체험은 키자니아 방문이다. 학생, 교사, 관리자 포함해 모두 36명이 관광버스 한 대로 이동했다. 모두의 고민 끝에 1학년만 학교에 남았다.

첫째 날은 학년별 집단활동으로 에버랜드에서 상호 우애와 협동 정신 및 놀이터 속의 과학, 동물을 관찰하는 날이다. 점

심 식사부터 야간 체험인 퍼레이드 관람까지 담임과 자유 체
험이다. 아이들은 신이 나 있다.

둘째 날은 오전은 에버랜드 체험, 오후는 서울로 가서 키자
니아 진로 체험이다. 9시에 재입장하자마자 다 같이 푸바오를
전자로 예약했다. 숙소랑 멀리 있는 체험장까지 모두 빠른 걸
음으로 푸바오를 보러 가기 위해 열심히 걸었다. 그리고 보고
싶던 푸바오를 보았다. 귀엽게 대나무를 먹는 모습 등 판다에
대해 알게 되는 시간이었다.

오후에는 서울에 있는 키자니아에 가서 아이들의 희망인
꿈 체험을 했다. 미리 아이들이 관심이 있는 직업군을 조사하
고 갈 곳을 정해서 알차게 체험했다.

어떤 직업들을 체험했을까?
비행 승무원, 플로리스트, 요리사, 운동선수, 은행원, 모델,
소방관, 약국, 의사, 검사 등이다.

셋째 날은 서울숲 씨어터로 가서 뮤지컬 〈장수탕선녀님〉을

관람했다. 연기, 노래와 춤이 있는 종합예술인 뮤지컬을 보며 우리 아이들은 눈이 휘둥그레졌다. 그리고 점심은 서울 현지 맛집에 가서 맛있고 두툼한 카레 돈까스를 먹었다.

긴 2박 3일을 마치고 서울에서 학교로 돌아오는 길은 가벼웠다. 마치 아이들은 꿈나라에 갔다 온 것 같았다. 이날 이후 학교에서 한 이야기는 서울 체험학습 이야기로 꽃을 피웠다. 무슨 꿈이든 우리 꿈둥이들의 꿈이 이루어지길 바란다.

체험학습을 가기 몇 달 전부터 예약하고 계획하며 답사하고 품의까지 마친 나의 고된 노력이 좋은 결과를 주어 기뻤다.

5

감동의 검정봉다리

비가 추적추적 내리는 겨울이다.

아침에 지인의 예쁜 SNS 답글이 와 있다.

"오늘 하루 왠지 뭔가 잘 풀릴 것 같지? 좋은 날 행복한 날 되자. 함께."

경로당 체험학습을 하는 날이다.

진행 이미지를 그리며 경로당에 학생들을 데리고 갔다. 할머니 할아버지들에게 먼저 인사하고 편지를 한 명씩 읽었다. 이어서 노래 〈풍선〉을 합창하고 어깨를 주물러 드렸다. 그리고 음식을 차려드리고 학교로 왔다.

나서려는데 할머니께서 기다릴 수 없냐며 사정하셨다.

왜냐 물으니 이장님이 학생들이 예쁘고 기특해서 선물을 사서 오겠다는 거였다. 그럼 우린 일정이 있어 먼저 학교에 가겠다고 하고 학교로 갖다 달라고 부탁하고 돌아왔다.

오후 2시 넘어 허리가 꼬꾸라진 마른 할아버지께서 검정봉다리 한 개를 들고 교무실로 오셨다. 할아버지께서 학생들 주려고 문구점에서 사 온 공책이었다. 그 마음이 얼마나 감사하던지 가슴이 뭉클해졌다.

왠지 좋은 일이 생길 것 같더니 이거였구나!

물론 그 선물은 지금 학생들이 잘 사용하지 않는 공책일 수도 있다. 하지만 소중한 선물이다. 고령화인 이 어촌 마을의 할머니, 할아버지들이 아이들을 보며 느낀 기쁨이 녹아있기 때문이다. 할아버지는 마음이 너무 고우신 분이었다. 손자 손녀 같은 아이들에게 학용품을 주고 싶은 마음 말이다.

6

어린이날 기념 스포츠데이

긴 연휴가 시작되는 5월 3일은 학교에서 준비한 어린이날 기념 스포츠데이다. 아이들을 위한 소체육대회다. 학교에서는 티셔츠를 선물로 준비했다. 그리고 간식으로 치킨도 예약해두었다.

9시부터 점심시간 전까지 운동장에서 전교생이 팀을 나누어 게임을 한다. 준비운동 후 교장 선생님의 말씀을 듣고 장애물 달리기를 했다. 출발하고 달리며 훌라후프, 줄넘기, 코끼리 코를 10개씩 하고 들어온다. 학년별로 미션은 조금씩 다르다. 발달 단계가 다르기 때문이다. 달리기를 잘하는 것과 상관없이 등수가 정해진다. 아이들은 신나게 참여한다.

두 번째는 줄다리기를 했다. 옛날에는 맨손으로 했지만 요즘은 장갑을 끼고 줄을 당긴다. 보드라운 손이 쓸려 상처가 날까 봐서다. 청백이 영차영차 줄을 당기는 모습이 너무 열정적이다. 그리고 협동한다. 나도 동심의 나라로 간다. 같이 영차영차 응원을 한다. 그다음 고학년은 티볼 경기다. 저학년은 투호 놀이를 한다.

마지막으로 이날의 클라이막스인 청백 이어달리기이다. 전교생을 청백으로 나누어 모두 이어 달린다. 긴장되는 순간이다. 출발 소리가 들리고 모두가 하나가 되어 이어 달린다. 모두가 하나가 되어 응원한다. 그리고 청군이 이겼다. 하지만 우린 안다. 모두가 한마음으로 한 팀으로 열심히 해냈다는 것을 감사히 여긴다.

이렇게 우리의 어린이날 축제를 마친다.

소중하고 사랑스러운 아이들
항상 건강하고 행복하길.

7

수업에 왕도는 없다

3~4월은 새 학년, 새 학기의 시작이라 학생도, 부모도, 선생님도 모두 새롭다. 그래서 3월은 학교의 모든 관계자가 조심스럽고, 관찰하고 느끼는 시기이다.

그런 어느 날 체육관에 방과후 수업이 끝났는데 시끌벅적했다. 가보니 학생들이 싸워서 담임 선생님과 방과후 선생님이 이야기 및 지도하고 계셨다. 그리고 난 후 해결이 되어 집으로 갔다. 다음 주 방과후 수업에 또 문제가 생겼다. 듣자 하니 방과후 쉬는 시간에 아이들이 놀고 잠이 오는 학생은 엎드려 있었다. 그리고 수업이 시작되자 다른 학생이 깨웠던 것이다. 그런 장면에서 엎드린 학생이 깨운 학생을 기분 나쁘다고 때린 것이다. 그리고 선생님은 둘을 위해 다른 학생들을 체육관에

2장 우리를 감싸는 따뜻한 러브스토리 **69**

두고 체육관 밖에서 학생을 지도하고 있었다. 나머지 학생들은 무방비인 채로. 또 다른 일이 일어날 것 같은 분위기였다.

그래서 선생님께 "수업을 이렇게 하면 안 됩니다. 수업 중 학생과 선생님이 체육관 밖에 있고, 안에 있는 학생은 관리도 안 되는 상황은 잘못되었습니다."라고 말하며 "수업, 쉽지 않습니다."라고 조언을 했다. 그러니 선생님은 "수업 방법을 알려주세요." 하시는 거다.

쉽게 말해 줄 수는 없지만, "자신이 꾸준히 연구하고 실천하면서 개선해야 합니다. 하지만 학생들이 나의 테두리 안에 있어야 함은 분명합니다. 그리고 수업에는 왕도가 없습니다."라고 말했다.

그리고 난 후 그 선생님의 수업은 바뀌기 시작했다. 아이들은 즐겁게 수업을 듣고, 선생님은 알차게 수업을 준비했다. 그리고 그 뒤로는 학생들과의 다툼도 줄었다. 나의 조언으로 선생님은 하나하나 생각하고 공부하고 실천을 했던 거다.

그리고 가을, 방과 후 수업 학부모 수업공개를 했다. 난 참관자로 수업을 관찰했고 그 수업은 잘 짜여져 있고 학생들이 선생님의 안내에 따라 잘 참여하는 수업이었다. 난 속으로 생각했다.

'선생님만의 수업 방법을 찾으셨네. 그리고 아이들도 선생님에게도 좋은 배움이 일어났구나! 사실 나의 말이 방과후 수업 선생님이 받아들이기 어려울 수도 있는데. 수업을 고민하면서 방법에 대해 서서히 깨달으셨구나. 나의 조언이, 선생님이 많이 성찰하고 개선하는 계기가 되어서 다행이다.'라고 말이다.

8

나비에게 자유를 주다

과학 전담을 맡으면 매년 배추흰나비알을 주문하게 된다. 3학년의 '동물의 한살이' 수업을 하기 위해서다. 한살이 기간이 짧아 아이들이 관찰하고 배우기 좋은 동물이 나비다.

번데기였던 배추흰나비가 나비가 되어 있지 않은가? 난 기뻐하며 아이들 맞을 준비를 했다. 과학 수업이 없었지만, 점심시간에 3학년 아이들을 불렀다. 학교의 축제가 있는 것처럼 우린 들떠 있었다. 그리고 나비를 관찰했다.

그리고 슬프고도 기쁜 일.

나비에게 자유를 주는 일이다. 아이가 사육망의 지퍼를 살며시 열었다. 우린 지켜보았다. 자기 스스로 날아가게 말이다. 원기둥 사육망 안을 이리저리 날아다니다 밖으로 날아갔다. 우린 환호했다.

"와~~~~~ 나비야 잘 가!"
같이 약속이라도 한 듯 말했다.

자신의 한살이를 거치는 나비야!

우리 아이들이 독립하듯 나비도 자유롭게 살아가길 바란다.
자신의 꿈을 찾아 날아간다. 비상한다. '나와 같이하는 아이
들도 꿈을 향해 언제든지 날아가겠지!' 생각한다. 기쁘다.

자유다!

9

좋은 일이 생기려는가 보다

2023 사제동행 '우리는 단디짝꿍' 감동 성장 스토리에 당선되었다. 기훈이와의 감동 성장 이야기를 있는 그대로 썼을 뿐이었다. 그런데 그 진심이 심사자에게 통했는지 당선의 기쁨을 누렸다. 하지만 기훈이와의 해외체험 연수는 부모님의 반대로 참가하지 못해 아쉬웠다. 참여하지 못한 이유는 부모님이 기훈이를 너무 사랑하는 나머지 낯선 곳에 보낼 수 없다는 이유였다. 난 어머니께 이런 기회가 기훈이에게 자주 오지 않고 짝꿍인 교사가 항상 같이 다닌다는 안전함을 알려드려도 안심하지 않으셨다.

결국 기훈이는 가고 싶은 마음을 가라앉히고 가지 못하였다. 기훈이와 어머니는 선생님이라도 다녀오시라고 했으나, 마음만 받았다. 교사 혼자 가는 건 사실 의미가 없기 때문이다.

그렇게 1년이 훌쩍 흐르고 기훈이는 이웃 중학교에 잘 다니고 있다.

올해도 2년 동안 같이 지낸 소심이 이야기로 공모했다.

지금 기다리는데 가슴이 두근두근하고 있다.
같이 체험 연수를 다니며 의미 있게 잘 지내길 바라기 때문이다. 지금 기다리는 이 순간이 행복하다.

감성 성장 스토리 글쓰기로 좋은 일이 생겼다.
당선되었다.
기쁘다.

감동 성장 스토리 궁금하지 않나요?
이야기 풀어 볼게요!
부록에 풀어 둘게요!

좋은 일을 전한다. 나는 8월에 학생과 짝꿍이 되어 해외체험 연수를 가게 되었다. 감사한 일이다.

10

도서관에서 책 빌리는
행복한 아이

   방과후 독서 시간에 아이들이 좋아하고 의미가 있는 책을 한 권씩 읽어준다. 정말 행복한 모습으로 이야기를 듣는다. 그렇다고 내 목소리가 예쁜 건 아니라는 것을 미리 밝힌다.

   『벚꽃이 살랑』, 『수영교실』, 『괜찮아』, 『공룡 티셔츠』 등을 읽어주었다.

   어느 날 1학년 학생 2명이 책을 들고 복도를 지나간다. 나랑 마주치니 웃으며

   "선생님, 도서관에서 책 빌렸어요! 『벚꽃이 살랑』이랑 『수영교실』이에요."

   "선생님, 전 『공룡 티셔츠』 빌렸어요!"

'어떻게 어떻게 이 아이들은 도서관에 그 많은 책 중 읽어준 책만 빌렸을까?' 생각하며

"얘들아, 선생님이 읽어준 책을 빌렸네!"
우린 마주 보며 웃었다.

읽어줬던 책을 골라 대출하고 다시 읽기까지 한다. 성공이다. 행복한 아이들이다.
나 또한 행복한 순간이다.

11

하트입니다!

3학년 과학 시간이다. '자석의 성질' 단원 마지막 시간을 마무리하는 중 학생들에게 이런 질문을 했다.

"자석은 두 극이 있는데 서로 다른 극끼리 가까이 가져가면 어떻게 되지요?"

"하트입니다."

한 아이가 대답했다.

우리 아이들과 난 즐겁게 웃었다.
정답은 끌어당기는 성질이 있다는 것이다.

정답에 가까운 표현이기도 하지요?

기발한 답이기도 하고요!

난 틀렸다는 말은 하지 않았다.

맞을 때도 있으니까요. 그렇지요?

자석의 다른 극끼리는 끌어당긴다고 답을 말해주었죠!

그럼 아이는 이해한다. 표현이 배운 내용과 다르지만 같은 의미이지요.

수업에 이런 순간들이 종종 있어 감칠맛이 날 때도 있다.

글램핑아, 행복한 밤을
만들어줘서 고마워!

지역연계 여름 글램핑 체험 및 다문화가정과 함께하는 힐링캠프를 했다. 지역에 있는 글램핑장에 전교생, 학부모, 교직원 60여 명이 함께 모였다. 글램핑장 밖에서 삼 남매의 엄마를 만났다.

"선생님, 안녕하세요? 너무 감사드려요. 우린 아이들이 다른 학교처럼 멀리 일본 가는 것보다 이렇게 가족이 글램핑에서 행복한 시간을 보내는 것이 더 좋아요! 진짜 이런 가족 모임으로 멋진 글램핑 체험의 기회를 주어 너무 감사해요!"

"아, 네. 따뜻한 행복교육을 위해 이번 행사를 진행합니다. 행복하게 참여 바랍니다. 감사합니다."

1부는 팀을 나누어 11개의 글램핑에서 물놀이를 했다. 아이들은 신나게 풀장에서 물놀이를 하였다. 그리고 부모님들과 가족들은 바비큐를 먹으며 즐거운 대화의 시간을 가졌다.

2부는 모두 모여 평소에 갈고 닦은 아이들의 장기자랑을 보았다. 삼 남매의 〈마라탕후루〉 춤, 남매의 〈레몬트리〉 팝송, 쌍둥이의 기발한 엉덩이춤, 모녀의 노래, 5~6학년의 연극, 두 친구의 〈아픈 건 딱 질색이니까〉의 노래 등을 즐겼다. 아이 · 부모 · 교사 모두 신나는 시간이었다.

밤 9시부터는 가족별 자유 시간 및 취침 시간이다. 이때는 바다를 바라보며 물멍하기, 불 보며 불멍하기 등으로 가족의 소중함을 깨닫고 느끼는 시간들이다.

지금, 이 순간을 느끼고 앞으로 나아가는 거다.
이런 소중한 체험을 간직하고 앞으로 추억하는 것이다.
지치고 힘들 때 떠올리는 경험이다.
넘어져 일어나기 힘들 때 추억하며 다시 일어서게 하는 경험들이다.

"우리 가족이 그때 행복했지? 가족이 나를 있게 하지! 힘내 야겠다."

우리 모두 따뜻한 행복교육의 추억을 간직하기 위해 오늘 밤을 보냈다.

글램핑아, 행복한 밤을 만들어줘서 고마워!

2부

아이의 성장을
끌어당기는
마인드 미션
26가지

교육의 여왕이 전하는
마인드 컨설팅

"세기의 결혼, 세기의 전쟁?"

퀸즈 그룹 재벌 3세, 백화점의 여왕 '홍해인'.

용두리 이장 아들, 슈퍼마켓 왕자 '백현우'.

3년 차 부부의 아찔한 위기와 기적처럼

다시 시작되는 사랑 이야기.

바로 〈눈물의 여왕〉 이야기입니다.

갑자기 왜 드라마냐구요?

우리도 아이를 기르면서 아찔한 위기와 기적을 경험합니다.

그래서 눈물이 아닌 바로 '마인드'로

우리 아이를 성장시키고 싶었습니다.

그래서 썼습니다.

교육의 여왕이 전하는 마인드 26가지 컨설팅으로

우리 아이 함께 성장시켜 보시죠?

1장

교사의 성장을 끌어당기는
마인드 미션 10가지

마인드 미션 1.
성공 무의식을 깔아라
- 할 수 있고 꿈이 이루어진다

성공하고 싶은 사람은 결국 성공한다

이 책을 읽고 있는 사람, 그 중의 교사는 특히 성공하고 싶어 하는 사람이다. 즉 이 책을 읽고 있는 사람은 성공할 확률이 80% 이상이다. 우리나라 인구 중 책을 읽는 이는 '극소수'에 불과하다. 그런 사람 중 당신은 책을 읽고 있기 때문에 성공한다. 교직생활을 하는 당신이 말이다. 회사생활 하는 사람도 마찬가지다. 부모님도. 아니, 누구나 마찬가지다.

보통 교사들은 현실에 치여 평일에 바쁘게 수업하고 주말에는 쉰다. 힘들면 힘든 대로 재미있으면 재미있는 대로 아프면 아픈 대로 그냥 살아간다. 나도 성공 마인드를 가지기 전에는 그랬으니까.

하지만 이 책을 읽고 있는 당신은 성공 가능성이 커졌다. 성공을 끌어당기는 사람이 되었다. 이유는 성공한 사람의 글을 읽고 성공 마인드로 행동으로 옮길 것이기 때문이다.

버스를 타거나 지하철을 타보면 대부분의 사람은 카카오톡으로 대화 중이거나 웹툰, 게임 등을 하는 사람들이 많다. 하지만 당신은 책을 읽고 있다. 그런 당신은 마인드셋을 하고 변할 것이 눈에 보인다. 반은 이미 성공이다.

성공하고 싶으면 '할 수 있다'라는 마인드를 장착하라.

선생님!
학급경영!!! 수업!!!
참 어렵죠?

한 교사가 20여 명의 학생을 이끌고 가르친다는 것.
어려운 과정이 당연하다.
우리 모두 어려운 걸 알고 있다.
하지만 "할 수 있다"는 마인드를 장착해 보자.

그러면 관점이 달려지고 학생이 달리 보인다.

담임교사의 성공 마인드가 갖춰져 있지 않으면 그 무엇을 한들 교실은 바뀌지 않는다. 마인드의 변화, 즉 생각의 변화는 이만큼 경력하다. 쉽게 말하면 의식과 잠재의식이 함께 변해야 한다.

학급경영을 하기 위해 무언가라도 열심히 하고, 이 방법 저 방법 다 써봐도 학생들이 뜻대로 되지 않아 속상하지 않은가? 어떤 방법을 쓴들 제자리걸음인 것 같지 않은가?

담임교사는 자신이 원하는 교실을 알아야 한다. 원하고 꿈꾸는 교실이 없다면 더 혼돈인 세상이 될 수 있다. 진지하게 자신과 대화를 해야 한다. 학급경영, 수업, 교육과정을 제대로 공부하면서 해야 한다.

행복한 학급을 운영하는 교사는 지금에 이르기까지 힘든 점이 없다면 거짓말이다.

담임교사는 자신이 원하는 학급을 꿈꾸고, 할 수 있다는 마인드로 상상하고 그림을 그리듯이 생생하게 시각화를 하는 것이 도움이 된다. 그리고 작은 것부터 꾸준히 실행하면 행복한 교실이 반드시 온다.

그런 교실 속에서는 교사가 무엇을 가르쳐도 학생들은 스펀지처럼 가르침을 쏙쏙 받아들이고, 흡수하고, 질문하게 된다.

긍정적이고 학생들 개개인의 잠재력을 믿는 교사의 마인드. 학생들과 교사 사이에 친밀감이 존재하고, 서로 배려, 존중하는 분위기가 필요하다.

이런 마인드로 수업해 보면 어떤 수업은 교사와 학생이 하나가 되어 수업을 해가는 행복감을 느끼는 순간이 온다. 이런 순간순간을 잊을 수가 없다. 경험담이다.

모든 학생이 나와 눈 맞추고 교사가 안내하는 배움을 같이 호흡하며 하나 되는 순간 정말 짜릿한 순간들이다.

교사라면 이런 순간들을 자주 느끼며 교직 생활을 한다면 성공이다. 행복은 강도가 아니라 빈도이다. 자주 아이들과 작은 성공을 경험하면 행복한 교사가 아니겠는가?

정말 내가 바라는 수업, 내가 바라는 교실이 온다. 반드시 온다. 그 방법은 바로 교사 자신이 할 수 있다는 마인드를 장착하면 가능하다. 행복한 교실을 꿈꾸면 꼭 이루어진다.

간디학교의 교가인 〈꿈꾸지 않으면〉이 생각난다. 꿈을 꾸어야 꾸지 않는 것보다 더 이루어질 가능성이 커진다.

꿈꾸지 않으면

꿈꾸지 않으면 사는 게 아니라고
별 헤는 맘으로 없는 길 가려네
사랑하지 않으면 사는 게 아니라고
설레는 마음으로 낯선 길 가려 하네

아름다운 꿈꾸며 사랑하는 우리
아무도 가지 않는 길 가는 우리들
누구도 꿈꾸지 못한

우리들의 세상 만들어가네

배운다는 건 꿈을 꾸는 것
가르친다는 건 희망을 노래하는 것
배운다는 건 꿈을 꾸는 것
가르친다는 건 희망을 노래하는 것

우린 알고 있네 우린 알고 있네
배운다는 건 가르친다는 건
희망을 노래하는 것

그리고 다음의 마인드를 장착해 보자. 더 행복해진다. 믿어
보시죠?

마인드 미션 2.
수업의 한계를 던져라

- 꾸준히 수업개선 하라

교사는 수업을 빼고는 교사라 할 수 없다고 생각한다. 그래서 수업을 증명해 보이고 싶어졌다. 왜냐하면 교사는 수업을 공개해야 자신의 수업의 수준이 어느 정도인지 검증 받을 수 있기 때문이다. '리미트'가 걸려 있으면 수업을 바꿀 수 없다. 마인드를 바꾸어야 한다.

인생도 마찬가지다. 수업 잘하는 교사? 원래 수업 잘하는 사람은 따로 있다고 생각할지 모르겠다. 천성적으로 수업 잘하는 것을 타고난다고 생각하는 사람이 아니라면 한계를 던져야 한다. 깨닫기 전에 무의식(잠재의식)에 '리미트' 즉, 한계가 설정되어 있다는 사실조차 깨닫지 못한다. 자신의 수업에 '리미트'가 걸려 있다면 일정 이상 수준이 올라가지 못한다.

다음 예시를 보면 이해가 더 쉬울 것이다. 유리병 속의 벼룩실험에 대해 알아보자. 이 실험은 유명한 곤충학자인 루이저 로스차일드 박사에 의해서 행해졌다.

벼룩은 보통 자기 몸 크기의 100배가량의 높이도 뛰어오를 수 있는 놀라운 점프력이 있다. 인간으로 치면 고층 빌딩까지 뛸 수 있다는 거다. 그러나 유리병 속의 벼룩은 뛰어오르면 뚜껑에 부딪힌다. 몇 번씩이나 계속 부딪히며 고통을 느낀다. 이후 어느 순간부터는 충격이 없는 만큼만 뛰어오른다. 아주 짧은 시간 동안 학습된 삶의 내용을 자신의 한계로 인정해버린다. 그리고 뚜껑을 치워도 여전히 그 높이만 뛰어오른다. 벼룩은 자기 자신을 스스로 유리병에 가두어 버린다. 한계를 설정해 버린다는 것이다.

우리도 수업에서 '내 수업은 여기까지 밖에 할 수 없어.'라고 스스로 한계를 정하지는 않는가?

수업의 한계를 던지고 나서 연수를 듣고 책을 읽으며 수업의 방법을 이리저리 따라 해 봤다. 수업이 개선되지 않을 수 없다. 한계를 던지고 진정한 수업을 하도록 노력해야 할 것이다. 그래서 우리의 수업 능력은 매일 더 성장할 것이다.

오직 나 자신만 할 수 있다. 마인드를 바꾸어라.

"인간의 유일한 한계는 마음속에서 정해지는 생각의 한계뿐이다."

- 나폴레온 힐

「수업개선 사례 도전기」와 「수업연구교사 활동 도전기」가 있다. 참고하기 좋을 것이다.

3

마인드 미션3.
꿈의 실현을 상상하라
- 상상이 현실이 된다

    글을 읽다가 『빨간 머리 앤』책 이야기를 잠깐 보게 되었다. 어릴 적 만화로 봤던 기억이 가물가물하다. 빨간 머리 앤의 장점을 알고 있는가? 빨간 머리 앤의 장점은 바로 긍정적이고 풍부한 상상력이다. 그래서 수업에도 적용한 이야기를 할까 한다.

    5학년 태양계와 별 첫 차시에 '또 다른 지구 상상해 그리기'를 했다. 지구 상상해 그리기 전 "우리가 사는 지구의 모습을 생각하고 지구가 하나 더 있다면 어떤 모양일까?"라고 질문했다.

"의자 모양입니다."

"배 모양입니다."

"하우스 모양입니다."

"하트 모양입니다."

라고 학생들은 대답한다. 참 다양한 모양들이다. 상상력은 끝이 없다. 놀랍다.

그리고 다음 활동을 안내한다.

1. 생물이 사는 지구는 어떤 환경이고, 어떤 모습인지 생각합니다.
2. 우주에 또 다른 지구가 있다면, 지구의 환경과 어떻게 다를지 상상합니다.
   또 모양과 표면의 모습은 어떨지 상상해 봅니다.
3. 상상한 또 다른 지구를 특징이 잘 나타나도록 그림으로 표현합니다.
4. 지구와 비교해 다른 모습을 설명합니다.

학생들은 상상의 날개를 펼치며 열심히 또 다른 지구를 그린다. 그리고 그림으로 부족한 내용은 글로 설명을 쓴다.

교사는 뽑기를 하고, 그 번호의 학생이 제일 앞에 나와 그린 그림을 발표한다. 그리고 친구들은 그 지구에 대해 궁금한 것들을 질문한다. 질문을 주고받는다. 질문이 끝나면 발표한 학생이 뽑기를 한다. 뽑힌 번호의 학생이 발표를 한다. 그리고 똑같이 질문 주고받기가 끝나면 학생이 뽑기를 한다.

모든 학생이 발표하면 '또 다른 지구 상상해 그리기' 활동을 마친다.

이 수업을 하면서 학생들은 모두가 자신의 지구를 상상하여 새롭게 그렸다. 어른은 머뭇거리거나 안 그릴 수도 있는데 우리 학생들은 재미있게 그리는 모습을 보고, '학생들의 상상력은 무한하구나!'를 다시 알게 되는 기회였다. 그리고 교사는 학생들의 상상력을 자극하고 생각하는 기회를 주는 수업을 해야 한다고 생각하게 된다.

이제 상상력이 현실로 된 이야기이다. 어느 순간 나의 이름으로 된 책을 갖고 싶어졌다. 그리고 이 책으로 읽는 이에게 도움을 주고 싶었다. 그래서 작가가 되는 상상을 하였다. 그리고 책을 쓰고 있는 작가의 모습을 스마트폰 바탕화면에 깔았다. 꿈이 무엇인지 자주 눈으로 보기 위해서였다. 즉 시각화하였다. 그리고 나의 버킷리스트에 5년 안에 책 쓰기를 적었다. 또 블로그에 글쓰기를 하면서 좋은 이웃들을 만나게 되었다. 작가가 된 이웃들도 많이 있다. 좋은 이웃들은 나에게 칭찬과 격려가 가득하다.

"글을 잘 썼다."
"제목을 잘 짓는다."
"좋은 교사다."

등등의 격려는 거의 매일 계속 글을 쓰게 한다. 내 삶이 글이 되게 한다. 나의 일상과 생각들을 글로 쓴다. 따뜻한 교육 스토리 이야기를 쓴다. 나의 글을 읽는 사람들의 긍정적 반응과 공감이 더 많은 글을 쓰게 한다.

그리고 올해 3월 '책쓰는 선생님 공모전'에 기획서를 냈다.
발표일에 발표가 되지 않자 '난 떨어졌나? 다른 기회를 기다려보자.'라고 생각했다. 처음 도전해보는 책 쓰기 도전이라 실패해도 기획서 쓰는 연습 했다고 생각하기로 했다.

'어차피 글쓰기 연습은 매일 하고 있으니 5년 안에 무엇인가 쓰지 않겠냐.' 하는 생각이었다. 그리고 전자책을 쓸 생각도 했다.

그런데 뜻밖에 심사가 늦어지고 있어서 발표하지 못했다는 담당자의 메신저가 날아왔다. 또 기다리게 되었다. 단념했는데 말이다.

드디어 발표가 났다. 공모전에 합격했다. 그렇게 책쓰는 선생님 사업 컨설팅을 받고 이 글을 쓰게 되었다. 합격의 기쁨을 누리게 되다니 말이다. 준비하면서 우연히 기회가 왔다. 나는 그 기회를 알아보고 잡은 것이다. 책 쓰는 기쁨을 누릴 수 있게 되었다. 이렇게 상상이 현실이 되었죠? 상상이 현실이 된다. 가만히 있지 않고 그 방향으로 하고 있다면 말이죠?

이렇게 저처럼 상상해서 꿈이 현실이 된 사람들의 예가 많다.

그만큼 상상력이 현실이 되기에 상상력의 힘은 이처럼 위대하다. 당신도 상상하면 현실이 될 수 있다. 이 책을 읽는 이들의 꿈이 이렇게 이루어지길 바란다. 상상하고 또 상상하라. 그리고 작게라도 그걸 시작하라.

마인드 미션 4.
평생 배우며 독서하라

- 내게 큰 영향을 준 사람은 누구일까?

내게 큰 영향을 준 사람을 생각해 보았다. 많은 사람 중 중학교 1학년 담임 선생님이 떠올랐다. 선생님은 국어 선생님이셨다. 교실에서는 우리 학생들이 책을 읽을 수 있는 학급 분위기를 조성해 주셨다.

그리고 그 나이에 읽어야 할 책들도 선정해 주셨다. 책을 빌려 집에서 밤늦게까지 책 속에 흠뻑 빠져 끝까지 읽고 새벽에 잔 적이 많았다. 이때 많은 책을 읽고 책의 재미도 알게 되고 책 읽기 습관이 형성된 것 같다.

그리고 책을 읽고 독서록을 작성하며 생각을 더 깊이 하며 글도 더 잘 쓸 수 있다는 것을 이때 익혔다. 이후로 고등학교, 대학교를 나와 지금은 직장생활을 하고 있다. 그래서 지금은 원하는 교사로 살아가고 있다.

하지만 고비는 많았지만 어떤 해는 만난 학생들과는 잘 맞지 않았고 많은 상처를 받으며 지낸 날들도 있었다. 그때는 지옥 같은 날들이었다. 사명감으로 책임감으로 교사를 하고 있었던 것이다. 교사를 천직이라 생각하였던 나조차도 '그만둘까'라는 고민하게 만들었던 순간들이 많았다. 그럴 때 내게 희망이 된 것은 바로 책이었다.

여러 교육 관련 서적을 읽고 힘든 부분을 이해하기 시작했다. 이때 읽은 책 제목들은 『교사와 학생 사이』, 『하브루타 수업이야기』, 『허쌤의 수업놀이』, 『매직 1, 2, 3』, 『격려하는 선생님』, 『자존감, 효능감을 만드는 버츄 프로젝트 수업』 등이다.
자아성찰을 한 거죠? 물론 여러 연수도 찾아 들었다. 책을 통해 실천 가능한 방법을 수업에 조금씩 적용해가니 학생과 전 조금씩 가까워짐을 느꼈다. 하지만 안 되는 부분도 있었다. 정답이 다 있는 것은 아니었다.
하지만 조금씩 좋아지고 있었다. 아무것도 하지 않고 일상만 살았다면 이런 소중한 것들을 놓칠 수도 있었다. 많은 일을 겪었지만 한해를 잘 마무리를 했다. 여운과 상처를 남긴 채로 말이다.

이렇게 책과 가까이 있게 해준 분이 중학교 때 선생님이었다. 좋은 책은 설레게 하고 기다림을 가르쳐주곤 했다. 아직도 내가 주문한 새 책들은 나를 설레게 한다. 당신들은 어떤 것이 설레나요?

그 선생님이 존경스럽다. 책과 가까이할 줄 몰랐던 나를 책과 가까이할 수 있도록 환경을 조성해 주셨기 때문이다. 그리고 독서록으로 자신의 생각을 글로 써보게 했던 부분이 나에게 큰 영향을 주셨다. 교사가 된 지금도 그 국어 선생님처럼 학생들이 책과 친구가 될 수 있도록 환경을 만들어 주려고 노력한다.

교사가 책 읽는 모습을 보여주고, 도서관에 가서 책을 고르는 모습도 보여준다. 그럼 학생들도 자연스레 그 모습을 보고 따라 하며 배우겠지요?

"살면서 누구와 사느냐에 따라 인생이 달라질 수 있어.
파리 뒤를 쫓으면 변소 주변이나 어슬렁거리고, 꿀벌 뒤를
쫓으면 꽃밭을 함께 거닐게 된다잖아."

– 드라마 <미생>

우리 교사들은 많은 책으로 공부를 하고 교사가 된다. 하지만 교사가 되고 나면 교과서와 교사용지도서를 보지만 책을 보는 경우가 드물어지는 경우도 있다. 학급경영과 생활지도를 위해서는 관련 도서를 읽든지 선배 교사의 조언이 필요한데 말이다. 책으로 읽어보고 연습해보아도 좋겠죠?

"아는 만큼 보인다."라는 명언이 있듯이 교사가 되어서도 책과 함께하는 교직생활을 하길 바라는 마음이다.

평생학습 시대다. 항상 독서하며 배우자.

5

마인드 미션 5.
긍정으로 감사하라

- 감사가 긍정의 뇌구조로 바뀐다

감사하는 태도가 결국 스스로의 멘탈을 지켜준다고 생각한다. 인공지능 AI가 발달하고 그에 따라 사람들의 사고방식도 변한다. 암기식 공부법이 아닌 질문식 공부법이 중요함을 시사한다. 미래뿐만 아니라 당장 내일 일어날 수 있는 무언가를 예측하기가 더욱 어려워졌다.

그래서 불안해진 만큼, 우리의 개인주의는 더욱 깊어지고 있다. 현대 사회는 많은 심리적 문제가 발생할 수밖에 없는 구조를 지니고 있다. 같이 있지만 함께하지 못하는 상황이 벌어지고 있다. 집에 온 가족이 같이 있는 듯해도 사실은 각자의 방에서 각종 전자기기를 이용해 하고 싶은 것을 따로 하고 있다.

이런 위기를 극복하기 위해서는 마음 근력이 필요하다. 세상을 어떻게 바라볼지는 결국 내 마음이 결정하기 때문이다. 그래서 내 마음을 평안하게 하려면 긍정으로 감사하기를 해야 한다.

불안한 미래, 120세 시대, 남과 비교하며 끊임없이 불행해지는 현실에 휘둘리지 않으려면 긍정의 감사하는 습관을 들여야 한다. 생각해 보면 우리는 무엇을 탓하는 '때문에'를 더 많이 사용한다. 하지만 '덕분에'라는 긍정의 말을 사용하면 감사한 일이 더 많이 펼쳐진다는 걸 경험하길 바란다.

왜 그럴까?

점점 삶은 피폐해진다. 감사의 무기를 가지는 자들은 살아남을 수 있다. 감사하기는 뇌구조도 긍정적으로 변화시킨다. 명상하기, 선행 베풀기, 인생에서의 좋은 일과 추억 회상하기, 잘되는 일에 집중하기 등이 긍정성 정서 향상법이다. 이 중 최고의 효과를 지닌 것으로 입증된 것이 바로 감사하기 훈련이다.

．

주변에 있는 모든 것들과 작고 소소한 일상에 감사할 때, 긍정의 뇌구조로 바뀌고 삶을 좀 더 잘 살아갈 수 있다. 또 감사는 우리를 살린다. 살릴 수 있다.

감사한 것들

감사1. 학생들과 함께 수업하는 시간이 감사합니다.

감사2. 과학실로 오는 학생들의 발걸음, 가벼운 소리에 감사합니다.

감사3. 수업이 끝나도 학생이 남아서 정리를 다 하고 가는 모습에 감사합니다.

매일 이렇게 감사한 것들을 3가지 정도 써보자. 한 달만 써도 삶을 대하는 방식이 바뀌는 것을 경험한다. 나도 경험했다.

6

마인드 미션 6.
아이들을 격려하라

- 아이가 무한 성장한다

꾸준히 격려하라

격려와 칭찬을 비슷하게 생각하는 교사들도 있다. 사실은 비슷해 보이기 때문이다. 격려는 내적 동기부여에 영향을 주고, 칭찬은 외적 동기부여에 영향을 준다는 차이가 있다.

격려는 학생을 있는 그대로 보고 학생의 상황을 읽어준다. 어떤 상황에서 학생이 인내하고 참여하며 도움을 주었을 때, 기여하고 노력한 점이 중요하다는 것을 느낄 수 있도록 마음을 표현하는 것이다. 칭찬의 말과 격려의 말을 보자.

칭찬의 말

"훌륭해.", "잘했어.", "수학을 100점 맞았네. 잘했어.", "정말 그림을 잘 그렸구나!"

격려의 말

"도와주어 고마워!", "지금도 잘하고 있어.", "너의 ㅇㅇ한 말이 우리에게 도움이 되었어!", "열심히 노력하는 모습이 보기 좋구나!", "하늘을 파랗게 칠하고 있구나!"

학생들은 칭찬의 말과 격려의 말 중 어떤 말에 더 용기를 얻을까?

당연히 격려이다. 격려는 행동 그 자체에 대한 것이라면, 칭찬은 행위를 한 사람에 대한 것이다. 격려는 아이의 고유성에 기반을 두지만, 칭찬은 비교를 통한 평가에 근거한다. 격려는 존재 자체만으로 충분한 가치를 가지고 있다는 마음가짐의 표현이기 때문이다. 이런 격려는 어떤 고난과 역경도 견뎌낼 수 있게 하는 의지를 발달시킨다.

성공이나 결과에 대한 칭찬이 아닌, 협동과 인내의 과정 속 노력한 점이 중요하다는 걸 느낄 수 있도록 격려의 마음을 표현한다. 아이들에게 스스로 내면의 힘을 키울 수 있도록 하는 격려가 필요한 것이다.

우리가 아이를 가장 효과적으로 격려하기 위한 준비들
1. 자신을 신뢰하고 타인도 신뢰한다.
2. 아이의 말을 잘 들어주기다.

"식물이 물을 필요로 하듯이 아이는 격려를 필요로 한다."

– 드라이커스

이런 격려하기는 아이의 행동을 변화시키는 가장 핵심적인 요인이라 할 수 있다. 아들러 심리학 격려하기 연수를 들으면서 제대로 격려하기를 알게 되었다.

부록에 격려로 성장한 아이의 '단디짝꿍 감동스토리'가 있다. 참고하길 바란다. 「단디짝꿍 감동스토리 공모 글 1」은 들어주기로 아이가 성장한 이야기이고, 「단디짝꿍 감동스토리 공모 글 2」는 격려하기로 성장한 이야기이다.

7

마인드 미션 7.
꾸준히 운동하라

- 신체 능력이 학급 경영 능력이기도 하다

매일 수업하는 교사가 되려면 체력이 따라야 한다. 교실에서 하루에 5시간 이상 수업하기는 쉽지 않기 때문이다. 수업과 함께 수업 준비, 상담, 수업 이후 업무도 해야만 한다. 장거리 마라톤과 같다고 생각한다. 매일 꾸준히 오래 달려야 하는 마라톤이니까.

그래서 체력으로 무장해야만 한다. 20여 명의 아이와 출근하면서부터 오후 3시까지 함께 할 체력 말이다. 아이들의 하교 후에는 내일의 수업 준비와 학교에서 맡은 업무 등을 하는 시간이다. 아이들과 함께하면서 순간순간 빠른 판단과 순발력으로 일을 해내는 교사들, 대단하다.

그 비밀 마인드는 바로 운동이다. 체력이 있어야 순발력도 창의력도 집중력도 생긴다. 아이들과 함께 이루고자 하는 것을 끝까지 해내는 끈기가 생긴다.

방법은 기회와 시간이 허락하는 한 여러 가지 운동을 해보고 자신에게 맞는 운동을 찾는 것이다. 교사생활 10년 정도 되었을 때다. 아이 둘이 초등학교 고학년이 되던 어느 겨울 날 허리가 아팠다. 걷지 못할 만큼 아팠다. 그때서야 '나 이렇게 살면 건강하게 살기 어렵겠다.' 생각하며 병을 치료하고 필라테스를 하게 되었다. 나의 몸에 한 시간 투자하기로 했다. 운동에 투자하는 건 처음이었다. 퇴근 후 아이들과 저녁 먹고 저녁 7시 30분부터 1시간 필라테스를 했다. 운동하면서 몸이 회복되고 기분도 더 좋아졌다. 그렇게 운동은 시작되었다.

30대부터 지금까지 필라테스, 수영, 탁구, 배드민턴, 에어로빅, 골프, 헬스를 배웠다. 잘하는 것은 아니지만 기본을 배워 혼자 할 수 있는 운동은 스스로 할 수 있을 정도이다. 운동할 때 자신만을 생각하고 땀 흘리며 스트레스를 날리는 것이 몸과 마음 건강에 도움이 되었다.

아들딸이 초등학생일 때는 다른 시간대에 수영장에 가서 수영을 배우기도 했었다. 사는 집이 수영장 옆이어서 쉽게 시작할 수 있었다. 아이들은 빠른 속도로 유연하게 수영을 잘하고 좋아했다. 주말에는 가족이 자유 수영으로 함께 물놀이를 했다. 그때 그 시절이 아이들에게 좋은 경험이고 함께한 시간이다. 수영장 옆에 살 때 꼭 배우게 했던 것이 평생 가족에게 좋은 삶의 배움이 되었다.

지금은 헬스장에 가서 운동하거나 헬스장 못 갈 때는 맨발 걷기나 산책을 하고 가끔은 수영을 하고 있다. 코로나19 시기에는 실내 골프장에서 골프를 배웠다. 마스크 쓰고 배우던 시절도 있었다. 그 시절의 공포가 떠오르지만 오랜 기간으로 다른 운동은 대면이라 하지 못했다. 하지만 골프는 특성상 연습장에서 거리두기가 가능하면서 연습을 할 수 있는 유일한 운동이다. 하나의 채로 하나의 공을 맞히는 연습을 수없이 하며 공에 집중하는 연습을 했다. 그러면 다른 생각은 다 날아가고 나의 스윙과 공의 움직임에 집중하고 나면 머리가 비워지고 긍정적인 생각으로 다시 채워진다.

이렇게 자신이 할 수 있는 운동을 배울 수 있는 시간을 투자해서 배우는 것이 좋은 방법이다. 직장생활의 활력소라고 할 수 있다. 아직 운동하고 있지 않다면 지금 바로 시작하면 된다. 그 외의 이유는 핑계일 가능성이 크다. 건강한 몸과 건강한 마음으로 아이들을 매일 만난다면 이 또한 기분 좋은 교사 생활이 아니겠는가?

8

마인드 미션 8.
적자생존, 글 쓰라

故 이어령 작가의 딸에게 하고픈 말, '죽기 전에 글을 써라'

이어령 작가님은 아픈 딸에게 죽기 전에 책을 남길 수 있게 글을 쓰라고 했다. 또한 그가 주변 사람들에게 습관처럼 하던 말이 있다.

"지금 자네가 말한 이야기, 그거 글로 써봐. 내가 지금까지 쓰라고 한 이야기를 다 썼다면, 자네는 이미 책 몇 권이나 쓴 작가가 되었을 거야. 그럼 인생이 완전히 달라졌을 텐데."

이런 말을 한 최고의 작가도 도저히 가르칠 수 없는 것이 있다. 이것이다.

"말로만 쓰려는 자에게, 손으로 쓰게 만드는 일이다."

적자생존이란 우리가 흔히 아는 뜻과 함께 '적는 행위는 생존과 직결된다'는 의미로도 사용된다.

글쓰기의 첫 번째 의미는 위의 문장처럼 '먹고 살기 위 한 것'이지만, '좋아서 하는 것'이라는 두 번째 의미도 있다. 교직 등 직장에서의 생존 기간은 시한부다. 유한한 시간이라는 의미다. 이처럼 좋아서 하는 글쓰기는 유익하고 무한한 생존이다.

단지 먹고살기 위해서만 살아가는 것은 아니다.

누구나 내가 필요한 존재임을 자각하며 보람을 느끼고 여전히 가슴 뛰는 하루하루를 살고자 한다. 글쓰기는 자신을 알아가는 과정이자 생존이다.

매일 메모하고 글을 쓰면 좋겠다. 교실 속 일상을 살다 보면 다양한 일들이 일어난다. 이런 일들을 메모하자. 그리고 글을 쓰는 거다. 메모한 것을 바탕으로 매일 쓰는 것이다. 우리의 뇌는 잘 잊어버리거나 왜곡한다. 그래서 기록을 해야 한다. 일기 쓰듯이 쓰면 된다. 기록은 교사를 살리기도 죽이기도 한다. 그런 일이 일어나지 않겠지만 최악의 상황에도 글은 중요한 증거 및 단서가 된다. 기록으로 자신을 성찰하다 보면 해답이 보이기도 하고 오늘보다 내일은 더 잘할 수 있는 힘을 얻기도 한다.

또한 글쓰기를 하면 좋은 점 2가지를 소개한다.
1. 뇌가 효율화 및 최적화가 된다.
2. 문제에 직면해 있을 때 글을 쓰면 정서적으로 안정이 된다. 망상으로 떠도는 불안감을 글로 쓰며 정리하다 보면 우울증이나 심리가 안정이 된다.

9

마인드 미션 9.
멈추지 말고 생각하라

- 방향성을 정하고 선택하라

생각할 때만 생각하면 원하는 것이 이루어지지 않는다. 매 순간 생각하여야 한다. 샤워할 때, 산책할 때에도 물론이다.

일상이 무난하다면 의심해야 한다. 하지만 잠재의식이 만족스럽지 않다면 생각해야 한다. 후회하지 않도록 말이다.

우린 약 5만 가지 생각을 하면서 우린 순간순간 선택한다. 그 5만 가지 생각 중 95%는 무의식이 통제한다. 그럼 우린 5%의 생각을 의식적으로 통제할 수 있다. 중요한 건 하루 47,500개의 생각들을 나와 아이들이 가야 할 방향성으로 무장해야 한다. 그렇지 않으면 95%인 47,500개의 생각이 쓰레기가 된다. 지금의 모습은 우리의 생각 중 하나가 당신의 모습이다. 그래서 생각과 함께 선택을 잘해야 한다.

스티브 잡스는 검은 티셔츠에 청바지만 입었다. 매일 아침 무엇을 입을까 고민하지 않고 다른 중요한 일에 집중하기 위해서다. 이처럼 우리의 시간은 누구에게나 공평하니까 가능하다.

문제가 생겨 해결할 때처럼 생각해야 한다. 생각하고 그 중 최선의 선택을 해라. 생각하고 방향성에 대해 선택을 했다면 이젠 그저 자기 역할에 최선을 다하면 된다.

생각하면 생각하는 대로 된다. 생각하지 않으면 사는 대로 생각한다. 생각해 봐라. 사는 대로 살고 싶지는 않을 것이다. 교실도, 교직생활도 마찬가지다. 내 교실이 내 생각대로 흘러가게 생각하자. 그리고 작은 실천들을 매일 반복적으로 지속하면 원하는 교직 생활이 올 것이다.

10

마인드 미션 10.
소통하고 질문하라

- 소통하는 교실로 배움이 깊어진다

질문은 오직 생각하고 그걸 글로도 쓸 수 있는 인간만이 할 수 있다.

질문이 넘치는 교실을 펼쳐라

하브루타란 짝과 공동의 텍스트를 가지고 질문하면서 의견을 나누는 것이다. 이런 하브루타 수업을 하는 까닭은 나와 타인과 세상을 더 잘 이해하도록 돕기 때문이다. 이런 과정에서 아이들은 짝과 자기 자신과의 소통에 귀를 기울이며 공감하고 메타인지를 기를 수 있다.

교사는 아이들의 질문에 담긴 궁금증과 교육과정이 제시한 내용을 잘 연결하여 수업해 나가는 역할을 해야 한다.

질문이 넘치는 교실은 정답을 찾기보다 창의적인 생각을 나눈다. 학생과 학생, 선생님과 학생 간의 상호작용이 활발히 일어난다. 서로 토론하고 함께 생각하며 경쟁이 아닌 협력적으로 소통하는 교실을 만들어 준다.

그럼 왜 질문을 해야 할까?

다른 사람의 생각을 잘 이해하고 나의 배움을 돌아볼 수 있다. 호기심을 느껴 새로운 문제에 관심을 가지게 한다.

자신의 경험을 바탕으로 우리의 생각을 자극하며 배움이 깊어진다. 문제를 새로운 관점에서 바라보며 해결 방법을 찾게 한다.

어떻게 질문할까?

질문의 종류는 다양하다. 세 가지를 바탕으로 기본질문을 만든다. 사실적 질문, 해석적 질문, 적용적 질문이 있다.

예를 들면 바로 이해할 수 있다.

1. 바탕질문(사실적 질문): 주어진 내용에 대해 질문하여 사실을 확인하고 이해하는 질문

   바탕질문(사실적 질문)의 예

태양계 행성에는 무엇이 있나요?

부피를 잴 수 있는 실험기구는 무엇이 있나요?

2. 궁금질문(해석적 질문): 왜 그런지 질문하여 정보에 다양한 생각을 추가하는 질문

궁금질문(해석적 질문)의 예

분수의 덧셈과 뺄셈에서 왜 통분을 할까요?

태양계의 행성들은 왜 태양을 중심으로 공전할까요?

전자저울은 왜 영점을 조절해야 하나요?

3. 새롬 질문(적용적 질문): 새로운 상황에 대해 질문하여 사고를 확장하고 나만의 아이디어를 도출, 발전시키는 질문

새롬 질문(적용적 질문)의 예

내가 엄마라면 스마트폰을 아이가 사용하게 할까요?

생활 속에서 덧셈과 뺄셈은 어떻게 활용될까요?

이런 질문들을 할 수 있는 교실을 만들어라.

질문이 있는 교실이란?

- 학생의 삶과 연계된 질문을 중심으로 교사-학생, 학생-
학생 간 상호작용이 활발히 이루어지는 교실이다.
- 탐구 질문을 설계·수행·공유·성찰하는 과정에서 협
력적 소통을 통해 해결 방법을 찾는 교실이다.
- 여러 교과에서 배운 내용을 연결하고 통합하여 창의적
으로 탐구 질문의 해답을 찾으며 학습의 전이가 일어나
깊이 있는 이해가 일어나는 교실이다.

"질문만 바꿔도 인생이 달라진다."

－고명환

2장

부모의 성장을 끌어당기는
마인드 미션 11가지

마인드 미션 1.
부모 먼저 성공 무의식을 준비하라!

홍해인이 수술 후 무의식이 기억하는 이름, 백현우였다.

〈눈물의 여왕〉 드라마 보셨죠? 이 드라마는 24년 4월 21일 방영된 14회에서 최고 시청률을 기록했다. 시청률은 전국 21.6%를 찍었다. 14회에서는 고민 끝에 뇌수술을 하는 홍해인의 모습이 그려졌다. 그 다음 회는 더 높은 시청률을 기록했지만 14회 이야기를 한다. 처음 홍해인은 기억을 잃는다는 부작용 때문에 "나로 살았으니 나로 죽을 것."이라며 수술을 거절했다.

그러나 백현우의 설득으로 홍해인은 결국 수술을 다짐했다. 홍해인은 자신이 사고로 죽은 줄 알고, 백현우가 자동차의 유리를 맨손으로 깨는 순간, 슬픔을 이기지 못하는 백현우를 보고 살아야겠다 마음을 먹었다. "그렇게 울면 모성애를 자극해서 가만둘 수 없어 수술을 받겠다." 한다. 홍해인은 수술을 잘 받았지만 기억을 잃었다. 윤은성은 "수술실에 들어가기 전에 나한테 부탁했었어. 눈 뜨면 옆에 있어 달라고."라고 거짓말했다. 홍해인은 백현우의 이름을 기억했다.

현우가 공부하면서 법조문을 달달 외우던 시절 잘 외우던 비결이 뭐냐 하던 해인, "중요한 것만 반복적으로 이야기하면 시험 볼 때 목소리가 생각 나." 말하는 현우.

해인이는 무의식이 기억한다는 것을 아는 듯이 마취가 시작할 때까지도 '백현우'를 부르고 또 불렀다. 마취가 끝났다. 무의식에 백현우라는 이름을 심었다. 수술 후 홍해인은 백현우만 기억했다. 성공했다. 얼마나 기적 같은 일인가? 무의식에 성공 마인드 까는 방법도 같은 원리다. 무의식에 자연스럽게 원하는 것을 반복하여 말하는 방법이다. 우리도 할 수 있다.

24년 5월 5일 유재석의 〈유 퀴즈 온 더 블럭〉에 드라마 〈눈물의 여왕〉 윤은성 역의 박성훈이 출연했다. 박성훈은 어느 순간에서부터 구체적인 목표를 칠판에 적어둔다고 했다. '2025년, 〈유 퀴즈 온 더 블럭〉 출연'을 칠판에 적어두었는데 꿈이 1년 일찍 이루었다고 한다. 목표를 구체화시키면 이루어진다. 그 비밀의 원리는 끌어당김의 법칙이다. 원하고 상상하고 행동해서 내가 원하는 방향으로 이끌 수 있는 원리다.

『시크릿』의 저자 론다 번은 간절히 원하면 온 우주가 도와준다고 하는 원리를 말한다. 실제로 과학적인 원리인데 설명은 생략한다. 궁금하면 찾아봐야겠죠?

한 권 더 소개한다. 조셉 머피의 『끌어당김의 기적』이다. 이 책은 "내게 가장 좋은 것만 끌어당기는 자석이 되어라." 한다. 내 안에 있는 우주 에너지를 발견하고, 나에게 좋은 것만 끌어당기는 힘으로 만드는 방법을 알려준다. 나의 한 마디보다 유명한 작가의 글이 더 와 닿지 않겠는가?

해인이가 부모님이 간절히 원하는 것을 먼저 했던 것처럼 성공 무의식을 준비하고 아이를 대한다면 기적이 일어날 것이다. 믿어 보실 거죠?

마인드 미션 2.
기초·기본능력을 키우기 위해 반복하라

- 오래 기억한다

까치 한 마리가 날아왔다. 치매기가 있는 백발 노인이 창밖을 내다보다가 아들에게 묻는다.

"아들아! 저 새가 무슨 새냐?"

"까치요."

아버지는 고개를 끄덕이시더니 조금 있다 또 물었다.

"아들아! 저 새가 무슨 새냐?"

"까치라고요."

아버지는 고개를 끄덕이시고는 창밖을 내다보시더니 또 같은 말을 하신다.

"아들아! 저 새가 무슨 새라고 했지?"

"몇 번이나 대답해야 아시겠어요! 까치요, 까치라고요! 까치라고요."

그때 옆에서 듣던 어머니가 한숨을 내쉬고는 말씀하셨다.

"아들아, 너는 어렸을 때 저게 무슨 새냐고 백 번도 더 물었다."

"아빠! 저 새가 무슨 새에요?"

"응, 까치란다."

"까치요? 아빠, 저 새가 무슨 새에요?"

"까치야."

"까치요?"

"그럴 때마다 아버지는 몇 번이고 대답하시면서 말하는 네가 귀여워서 머리를 쓰다듬어 주셨지. 그래서 네가 말을 배울 수 있었던 거야."

- 『짧은 이야기, 긴 생각』, 이어령, 시공미디어

이렇게 부모가 되고 나서 아이에게 말을 가르치기 위해 같은 말을 100번, 1,000번을 반복하게 된다. 그래서 아이들은 말을 할 수 있게 된 것이다. 우리 부모님의 반복의 힘 덕분이다. 무엇을 잘하려면 이 반복의 원리만 알면 잘할 수 있을 것이다.

나의 딸은 태어나 반복해서 들은 말 중 "엄마." 다음으로 "우유."를 처음으로 말하기 시작했다. 그리고 아들은 "엄마." 다음으로 "아빠."를 말한 것 같다. 우리 부모의 간절히 원하는 것을 아이가 말했을 때 그 기쁨을 생각해 보라. 그 마음으로 아이를 대하면 아이는 얼마나 성장할까? 상상만 해도 행복한 미소가 떠오른다.

에빙하우스의 망각곡선 이론이 있다. 학습 직후 20분 내에 41.8%가 망각된다. 즉 학습 직후에 망각이 가장 많이 빨리 일어난다. 학습내용을 오래 기억하기 위해서는 반복학습과 시간 간격을 두고 규칙적으로 여러 번 반복적으로 복습하는 분산학습이 효과적이다.

이처럼 학습의 기초·기본인 기억을 위해서는 학습이 끝나고 바로 반복하면 더 오래 기억한다.

마인드 미션 3.
경험이 돈보다 값지니 체험하라

- 인생은 경험의 점과 점을 연결하는 일이다

직접 체험하며 아이들은 제대로 성장한다. 보는 것보다 한 번 하는 것이 100배, 1,000배 좋다.

1.

아이 둘이 한창 클 때, 주말마다 많은 곳을 데리고 다니며 경험을 하게 하였다. 운전을 좋아하고 잘하는 남편 덕을 많이 봤다. 남편에게 감사하다.

많이 체험하러 다니는 이유는 시골에 사는 아이들에게 우리나라와 세계는 넓으니 보고 체험하며 들을 기회를 많이 주고 싶었기 때문이다. 세계는 넓고 할 일이 많다. 그러면서 우리 부부도 많이 보고 느끼는 경험을 하였다. 국내와 세계 곳곳을 다녔다. 그래도 아직 갈 곳이 수두룩하다. 그래서 행복하지만 말이다. 그래서 딸과 아들은 여행이 일상이고, 가면 좋아하며 즐길 줄 안다.

어느 날 가족 모두 대구에 갔다. 다른 일정이 있어 겸사겸사 갔다. 일정이 끝난 후 저녁을 먹으러 갔다. 대구에서 맛집인 동인동 찜갈비를 먹고 동성로를 구경하다가 구미에 있는 숙소에 갔다. 시골에 사는 우리는 대구 시내도 체험할 장소다.

숙소에서 가족이 치맥을 먹으면서 이야기하고, 다음 날은 금오산 아래에 있는 저수지 구미의 금오산 올레길을 걸었다. 구미에 있는 올레길을 걸으면서 딸이 말했다.

"난 여행이 좋아! 그리고 부모님에게 감사하게 생각해요! 친구들과 이야기하다 보면 난 참 많은 곳을 여행하고 배웠구나 느끼고 있어요."

그래서 난 대답했다.

"엄마는 너희들이 많이 경험하는 것이 돈보다 소중하다고 생각했기 때문이다. 그래서 땅길과 하늘길에 돈을 쓰고 다녀도 아깝지 않았단다."

이런 마인드로 여행을 많이 다녔다. 또 한번 아들은 말했다.

"엄마, 대학에서 교양으로 '수학과 예술' 강의를 듣는데 우리가 직접 유럽에서 본 예술 작품들이 다 나와 더 재미있게 들었어요."

아이들이 중학생일 때, 여름 방학 때 유럽여행을 갔었다. 이때의 경험이 '수학과 예술'을 들을 때 많은 도움이 되었다고 했다. 수학을 잘하고 좋아하는 아들이 예술 작품에도 관심을 가지게 된 것이다.

'경험이 관심을 갖게 하고 다른 영역과 연결이 되어 공부하게 만들기도 하는구나.'라고 생각했다. 이처럼 경험이 또 다른 성험을 하게 연결하는 것이다.

아는 것이 별로 없고 보여줄 게 많지 않았기에 직접 데리고 다니며 여기저기를 보여주고 싶었다. 그리고 지금 아이들이 고마워하니 감사할 따름이다.

지금 현재 돈이 없어도 괜찮다. 사실 나도 돈이 별로 없다. 아이들의 소중한 경험을 그때 돈의 가치보다 더 비싸게 아니 돈으로 살 수 없는 그때 그 여행을 했기 때문이다. 이게 다 인생 밑천이자 힘들 때의 행복한 추억이다. 이 추억으로 모든 것을 이기고 해낼 수 있겠다 생각한다.

2.
작은 학교가 행복한 아이를 만들 수 있다. 초등학교 시절 작은 학교 교육과정 속 체험학습으로 아이들의 행복한 추억을 만들어 줄 수 있다.

작은 학교는 체험활동을 많이 간다. 근무한 학교들이 대부분 그랬다. 큰 규모의 학교에 비해 예산 지원이 풍족한 탓도 있었다.

한 해 체험한 경우를 보면 봄 체험학습, 안전체험학습, 요트체험학습, 해양체험관, 발명 체험관, 놀이공원 2회, 가을 체험학습, 눈썰매(겨울 체험학습), 농촌체험학습, 도전 등산 체험학습, 예절학당 체험학습, 경로당 효사랑 체험학습, 블루로드 걷기 체험학습, 2박 3일 서울 일대 체험학습 등이다. 놀랍지 않은가?

올해는 겨울 체험학습으로 스키체험을 꼭 갈 예정이다. 한 달에 한 번 이상 체험을 다닌 것이다. 나의 경험이 나의 성장에 중요하고, 직접 경험하는 것은 정말 더 중요함을 누구나 알고 있다. 맞벌이하는 가정이 많고 바쁜 시대에 학교에서 많은 체험학습을 가니 부모님들은 좋아하신다. 체험학습 경비도 거의 무료로 운영되고 있다.(작은 학교의 특성상 그런 거지 거의 대부분 학교는 수익자 부담임을 알려드립니다.)

나는 어린 시절의 경험이 중요하다고 믿는 교사다. 사실 아이에겐 성적보다 뱃속에서부터 중학교까지의 경험이 더 중요하다고 생각한다. 그 다음 시기의 경험도 중요하지만 기본을 이루는 경험이 인생에 있어 다음을 인도하기 때문이다.

어릴 때의 가족여행, 학교에서 떠난 친구들과의 여행은 하면 할수록 많은 경험으로 쌓인다. 나중에는 이 작은 경험들이 어딘가에 연결되어 사용될 것이 분명하다.

나의 스레드 스친 문이 준 애플 창업자 스티브 잡스의 스탠포드대 졸업식 영어 연설문에도 비슷한 이야기가 있었다. 점과 점이 연결되어 아이디어를 내어 사업이 번창한 이야기이다.

"인생은 경험의 점을 연결하는 일입니다. 내가 대학에서 뜬금없어 보이는 서체 수업을 듣지 않았더라면, 맥킨토시의 아름다운 서체들을 개발할 수 없었을 것입니다. 그러니 당신 인생에서 수많은 점들이 언젠가 미래에 연결될 것이라고 믿으세요. 당신의 직관, 운명, 팔자 뭐든지 믿으면서. 인생은 짧습니다. 그러니 다른 사람의 인생을 살면서 시간을 낭비하지 마세요. 다른 사람이 당신의 내면의 목소리를 못 듣게 하면 안됩니다. 무엇보다 당신의 마음과 직관을 따라가는 용기를 가지는 일, 그것이 가장 중요합니다."

개인의 경험이 나의 경험이 곧 돈 이상이다. 아니 돈으로 계산할 수 없다. 지금 나의 경험이 글이 되고 다른 사람들에게 도움이 된다. 인생을 살아가는 데도 지금 글을 쓰는 데도 모두 도움이 되는 것이다.

마인드 미션 4.
닫혀 있던 상상력을 활짝 펼쳐라

- 상상이 창조력이다

1.

1997년 출간된 『해리포터』 시리즈는 역사상 가장 많이 팔린 소설 중 하나로 전 세계 어린이들의 마음과 상상력을 사로잡았다. 아직도 그렇다. 마케팅 전문가 수잔 기넬리우스는 책 『스토리 노믹스』에서 해리포터라는 하나의 이야기가 갖는 상상력의 힘과 그 상상력이 만드는 부가 얼마나 거대한지 분석하며 입증했다. 그만큼 상상력의 힘은 모든 면에서 어마무시하다.

『해리포터』는 고아인 해리포터가 마법학교에 입학해 마법 세계의 영웅이 되기까지의 모험과 환상을 그린 이야기다. 『해리포터』 이야기를 쓴 작가인 조앤 롤링의 어린 시절에 대한 이야기다. "생활이 좀 지루한 편이에요. 그래서 무엇이든 상상하길 좋아하지요." 롤링의 생활이 지루하다는 것은 심심할 때가 많았다는 것이다. 또 친구들과 어울리며 시간을 보내거나 글을 쓰는 것 말고는 딱히 취미가 없다는 것이다.

그리고 조앤 롤링의 부모님은 딸에 대해 이야기한다. "조앤은 아주 어릴 때부터 가상놀이를 구상하는 걸 좋아했다." 조앤의 부모님에 대한 기억을 말한다. 아주 어릴 적 기억들 가운데 하나는 당연히 '집 안은 책으로 가득 차 있고, 부모님은 항상 책을 읽어 주셨다'는 것이다. 이렇게 조앤은 어린 시절, 친구들과 잘 어울리면서도 혼자 책을 즐겨 읽었다.

2.
그럼 아이의 창의성과 상상력을 키우는 방법은 무엇일까? 방법은 무궁무진하다. 그림을 그리거나 책을 읽으면서 자유롭게 상상할 수 있는 시간을 부여한다. 놀이를 통해 상상력을 발휘할 수 있는 기회를 제공한다.
디지털 기기를 활용한 창의적인 게임이나 프로그램을 이용하기도 한다. 코딩 교육 등을 통해 논리적 사고력과 문제해결력을 기른다. 참고로 난 책과 놀이 기회를 제공하는 것이 가장 효과적이라 말하고 싶다. 현시대 놀이 기회를 주지 못하는 상황이 마음깊이 슬프다. 안타깝기 그지없다.

베스트셀러『생각의 탄생』의 저자 미셸 루트번스타인이 쓴 『내 아이를 키우는 상상력의 힘』에 제시된 가상 세계 놀이(월드플레이)도 창조적 아이의 비밀 중 하나다. 저자가 딸아이를 20여년 키운 세월을 담은 책이다. 나도 그와 같은 생각이다.

미리 소개한 조앤도 가상놀이를 좋아했고, 우리가 잘 아는 모차르트, 니체,『반지의 제왕』을 쓴 톨킨 등도 그랬다. 이 글을 쓰는 나도 그랬다. 「아이를 실컷 놀려라」에 나의 놀이가 있다. 그 외에도 그림을 그려 인형을 만들고 오려 옷 입히며 논 적도 많다. 내가 만든 주인공과 이야기로 이루어지는 놀이다. 이 인형들은 어느 세계든 가서 재미있게 논다. 이처럼 몰입하는 순간은 느리게도, 빠르게도 지나가기 마련이다.

3.

여기서 월드플레이란 혼자, 혹은 친구나 가족과 함께 가상 세계 놀이를 하는 것이다. 이는 상상력을 필요로 한다. 놀이를 즐기는 아이는 가상 세계를 창조하고 발전시키기 위해 다양한 상상력과 호기심을 뒷받침해 줄 놀이가 필요하다. 아이는 자신이 만든 상상 세계에서 새로운 언어를 만들고, 이야기와 역사를 만드는 과정은 아이 내면의 삶을 풍요롭게 하는 능력과 창조성을 발달시킬 수 있다.

이 놀이를 위한 어른의 역할은 뒤에 숨에서 놀이를 촉진하는 것이다. 가상 놀이의 목적은 아이가 개인의 욕구와 흥미에 따라 자신의 세계를 스스로 창조하는 것이기 때문이다. 아이들이 즐겁게 마음껏 자발적으로 참여하고 미소와 웃음이 끊이지 않길 바라는 마음이다.

물론 나도 아들딸을 키울 때 모래를 통한 가상놀이, 인형을 통한 가상놀이, 레고를 통한 가상놀이, 책 읽기 등으로 이런 기회를 많이 주었었다. 바닷가에 살아서 자주 아이들과 모래 사장에서 놀게 했다. 최고의 장난감이 모래라는 것을 알았기 때문이리라. 아직도 딸은 대학축제 때 해리포터 분장을 하며 놀곤 한다. 상상 속에 빠져 노는 것을 좋아하는 것이다.

마인드 미션 5.
아이와 함께 독서하라

- 그리고 책을 읽어주라

아이에게 책을 읽어 주시나요? 1~2학년 방과후 독서 수업은 『공룡 티셔츠』를 읽어주는 시간이다. 이 시간에는 좋은 그림 동화책을 골라 한 권씩 읽어준다. 그리고 책의 내용으로 질문 나누기를 통해 책 내용을 파악하고 좀 더 생각하게 하기 위해 독후 활동을 한다.

오늘도 『공룡 티셔츠』 이야기를 읽어준다. 한 아이가 좋아하는 공룡 티셔츠만 입고 다니다 보니 옷이 더러워진다. 그러다 공룡 나라에 가서 물놀이를 하며 옷이 깨끗해졌다. 그리고 옷은 빨랫줄에 널려 있는 이야기다.

이야기가 끝나면 질문을 주고받는다. 이야기를 잘 들은 학생은 답을 잘한다. 그렇지 않은 학생은 친구의 답을 듣고 알게 되는 것이다.

그리고 밑그림 그린 티셔츠 그림에 자기가 입고 싶은 티셔츠 꾸미기를 한다. 학생들은 자기가 그리고 싶은 그림으로 멋있고 예쁘게 꾸미며 신나 있다. 그림을 그리는 학생에게 질문을 한다. 학생에게

"독서 시간이 좋지?"

"네."

"그럼 시간이 빨리 지나가서 좋아?"

"아니요, 시간이 빨리 지나가서 싫어요! 내가 좋아하는 선생님 수업 시간이 천천히 지나가면 좋겠어요!"

어느 2학년 학생의 대답인데 너무 기뻤다. 나를 좋아하는 마음을 흠뻑 느낄 수 있었기 때문이다. 그래서 좋은 동화책을 더 잘 읽어주기로 마음을 먹게 된다.

1~2학년 학생들이라 아직 한글을 못 읽는 학생들도 있고, 혼자 책을 읽으려고 하지 않는 학생들도 있다. 물론 1학년이라 해도 혼자 책을 잘 읽는 학생도 있다.

중요한 건 선생님이 읽어주는 책 이야기를 좋아한다는 것이다. 물론 부모님이 책 읽어 주시면 더 좋아하지 않겠는가? 나름 아이들에게 책을 많이 읽어주며 나도 배운 점이 있다. 하지만 아이들은 부모나 선생님이 책을 읽어주면 더 귀 기울여 듣는다. 이는 책에 대해 생각하는 능력을 만들어준다.

"책 읽어주기는 아이에게 언제까지 읽어주어야 할까요?"

많은 공부와 연수 경험을 알려드릴까요? 아이가 "엄마, 나 책 그만 읽어줘도 되겠어!" 할 때까지이다. 이만큼 책 읽어주는 것을 아이는 좋아한다. 아이들이 어릴 때는 잠자기 전 책 읽어주며 잠에 들었던 적이 많았다. 아이가 있다면 책 많이 읽어주길 바라는 마음이다. 어떤 동화책은 100번 이상을 읽어준 적도 있었다.

우리는
내 아이가 공부 잘하길 바란다.
내 아이가 원하는 꿈을 이루길 바란다.
내 아이가 결국 행복하길 바란다.
그러기 위해 태어나 초등학교까지가 더더욱 책과 가깝게

지내야 한다. 이 시기가 가장 책 읽기에 좋은 시간이다.

우리 부모님들은 모두 알고 있지 않은가? 꿈을 이루기 위해서 고3 학생이 되어 본 부모는 알고 있다. 수능시험을 잘 쳐야 한다. 수능을 잘 치는 비법을 아는가?

그건 바로 언어능력, 그 중에서도 글 읽기 능력이다.

글을 이해하는 능력을 키워야 한다. 그럼 배경지식이 점점 늘어나 언어능력이 좋아지는 것이다. 이것이 비법이다. 그래서 책 읽어주기로 책을 좋아하고 읽게 만드는 부모님은 내 아이의 미래를 희망적으로 키우게 되는 것이다.

〈눈물의 여왕〉의 뒤를 이어 방영하는 tvN의 토일 드라마 〈졸업〉 2화에 나오는 장면이다. 대기업에 다니던 남자 주인공 이준호는 퇴사하고 대치동 학원 강사 수업 면접에서 말한다.

김유정의 『봄봄』을 가르치며 학생들에게 "너희들이 글을 읽고 감상할 줄 아느냐고? 즐길 수 있어?", "있어." 그때 이준호는 자신의 국어 선생님 서혜진이 가르쳐준 것을 그대로 말한다. "읽을 줄 알면 된다."

"선생님한테는 은사 한 분이 계신다. 그분을 만나는 날이
아마 내 인생의 명장면일 거야. 그분이 요구한 건 하나였어.
읽는 방법을 몰라서 그래. 몇 번이고 읽고 또 읽으면 결국은
읽을 수 있게 되고 단어 하나하나, 행간 하나하나에서 새로
운 세계가 펼쳐진다. 그게 국어의 매력이야. 읽을 줄 알게 되
면 읽을수록 생각하게 되고 생각하게 되면 궁금해진다. 궁금
해지면 결국 저절로 알게 되고 알아서 공부하게 된다. 국어의
문법, 문학, 독서도 기본은 읽기다."

내 생각도 같다. 책 읽기로 언어능력을 기를 수 있다. 어찌
안 할 이유가 있겠는가?

"좋은 책을 읽는다는 것은, 몇백 년 전에 살았던 가장 훌륭한
사람과 대화하는 것이다."

—르네 데카르트

책 읽기는 체험하는 것의 한계를 벗어나기 좋은 방법이다.

체험의 한계를 간접체험으로 배경지식을 늘려가기 좋다. 배경지식이 많을수록 새로운 정보를 접하면 다른 사람보다 더 잘 이해하게 되기 때문이다. 그만큼 책 읽기는 중요하다.

그리고 부모와 교사들에게 부탁한다.
책 읽기를 하자.
좋은 책 읽기를 하자.
어른이 먼저 책을 읽으며 아이에게 노출시키자.

우리가 원하는 것 이상으로 아이가 성장할 것이다. 안 할 이유가 없지 않은가?

이 책에서 이야기하는 '읽기 비밀 마인드'는 누구나 알면서도 하지 않는 이가 많은 게 사실이다. 내 주변에도 그런 사람들이 있다. 슬프지만 팩트이다. 이 책을 읽는 부모와 교사의 아이는 책을 읽지 않는 이보다 이미 성공이다. 아이가 이미 우리가 원하는 방향으로 성장하고 있다.

이 글을 읽는 이는 아마 기뻐할 것이라 생각한다. 이미 책을 읽고 있기 때문이다. 벌써 비밀 마인드를 실천하고 있는 당신, 미리 축하한다. 알게 되었다면 나처럼 다른 부모와 교사들에게도 이야기해주면 좋겠다. 내 아이와 다른 아이도 같이 성장하면 더 좋지 않을까?

6

마인드 미션 6.
운동, 이젠 필수다
- 아이의 뇌가 성장한다

운동이 뇌기능 향상 즉 학습능력에 도움이 된다. 이는 운동을 통해 트립토판이라는 필수 아미노산을 만들고, 이는 신경 전달물질인 세로토닌을 분비하게 만들며, 세로토닌의 분비로 집중력과 기억력이 상승한다. 『체육관으로 간 뇌과학자』의 저자 웬디 스즈키가 증명했다. 우리가 아는 유명한 아인슈타인도 사는 게 복잡할 때 몸을 움직였다. 꾸준히 운동을 해야 하지 않겠는가? 이미 과학적으로 증명이 되었다.

무슨 운동을 해야 할까? 거창한 것이 아니다. 공 하나만 들고 운동장에 가도 아이와 아빠 등 온 가족이 뛰어놀 수 있다. 아이가 저학년일 때부터 수영을 배우게 했다. 수영장이 바로 집 옆에 있었기 때문이기도 했다. 가까이에 있으니 이때다 생각하고 배울 수 있어 좋았다. 물놀이를 워낙 좋아하는 아이들에게 수영을 좀 더 잘할 수 있도록 자신감을 주기 위한 방법이었다. 수영을 좋아하니 스스로 씻기도 하고 입기 힘든 수영복도 입었다. 이때 우리 가족은 모두 수영을 각자의 시간에 배우고 주말이면 수영장에 가서 같이 놀았다. 함께하는 운동은 협업능력을 키워주기도 한다.

120세 시대, 아이들이 건강하게 자랄 수 있도록 습관을 만들어 주어야 하지 않겠는가?

그리고 집에 오면 밥도 잘 먹고 책도 잘 읽고 한다. 운동한 까닭에 더 집중해서 공부하고 책을 읽는 모습을 보았다. 부모님들도 경험해보길 원한다.

7

마인드 미션 7.
아이를 실컷 놀려라

- 몰입을 경험한다

어린 시절 실컷 놀아라

어렴풋하게 기억이 난다. 난 2학년쯤인 것 같다. 강가에서 노는 모습이다. 부모님은 밭에 일하러 가셨다. 동네 언니와 친구 동생들이 강가에 논다. 무엇을 하며 놀았냐고? 소꿉놀이다. 엄마, 아빠, 언니, 동생이 사는 집 이야기다. 역할을 나누고 노는 거다.

엄마는 부엌에서 요리한다. 빨간색 돌을 빻아서 고춧가루로 쓰고, 어떤 돌은 그릇이 되고, 또 어떤 돌들은 테두리에 둬서 집과 밖을 구분한다. 풀은 반찬이 된다. 식사 시간에는 가족이 모여 엄마가 차린 밥상에서 밥과 반찬을 먹는다. 강물에 가서는 빨래하는 흉내도 낸다. 참 재미있고 시간 가는 줄 모르게 논다. 놀다가 더우면 강에 들어가 헤엄을 치고 논다. 수영을 배우진 않았지만, 저절로 할 줄 안다. 저절로 뜨고 저절로 헤엄을 친다. 자유형과 정식 방법은 아니지만 할 줄 안다. 그리고 물고기를 잡아서 돌로 만든 우물에 둔다. 그건 연못이 된다.

수영 같은 건 어떻게 하게 되었는지는 기억에 없다. 이렇게 놀면서 배운 거다. 놀면서 말이다. 지금 이 글을 읽는 이는 이해가 가지 않을지도 모른다. 하지만 이렇게 놀면서 나도 모르게 배우는 경험들이 많다.

학원은 다니지 못했고, 다닐 형편도 되지 않았다. 딸 넷인 집이고 먹고살 만했지 학원 다닐 형편은 되지 못했다. 난 초등학교에 다니는 내내 수업 시간 외에는 따로 공부하지는 않았다. 수업 시간엔 모든 게 새로웠지만 잘 익힌 것 같다. 그건 나의 부모님 영향도 있다. 왜? 먹고사는 데 바빴기 때문이다. 그러나 나는 스스로 숙제하고, 읽을 수 있는 책을 읽었다. 나 스스로 할 수 있는 것을 했을 뿐이다.

이외의 시간 동안에는 뭘 했냐고요? 하교 후에는 친구들과 내내 놀았다. 놀랍지 않은가?

어떤 날은 동네 전체가 숨바꼭질 장소가 된다. 그렇게 해가 지는지도 모르고 뛰어놀았다. 이 집 저 집에서 일하시던 부모님이 저녁을 해서 먹을 때면 아이들을 부른다. 그럼 우린 이제야 배가 고파서 "엄마~." 하면서 집으로 들어갔다.

이렇게 놀 만큼 놀았다. 실컷 놀았다. 어떤 제한도 없이 친구와 새롭게 무한한 상상력으로 즐겁게 놀았다. 이게 어린 시절의 나다. 지금 생각하면 그때가 제일 행복한 상상에 빠져 놀던 때다. 그때 그 시절이 무척 그립다.

요즘 아이들도 어느 정도까지는 신나게 놀아야 한다. 노는 것도 너무 제한적인 요즘 아이들이라 아쉽다. 안타깝지만 어릴 때는 놀 기회가 많고 몰입해서 놀아야 공부도 놀이처럼 몰입해서 하지 않을까? 또 꿈을 찾고 원하는 것을 놀이처럼 하며 재미있게 살아가야 한다. 그럼 나처럼 충분히 놀아봐야 한다고 생각한다.

에디슨이 전구를 발명하는 과정은 자신이 일을 하고 있다고 생각하고 하는 것이 아닐 것이다. 궁금하고 원하는 것을 하고 있어서 놀이처럼 몰입해서 신나게, 그리고 푹 ~ 빠져 일을 하는 것이다.

지금 아이들은 너무 귀하게 키워지고 있다. 사실 귀하지 않는 아이가 있냐만은 그래서 너무 제한적으로 놀게 한다는 것이다.

이름을 불러도 아이가 듣지 못해 대답이 없을지라도 아이들이 놀면서 몰입할 수 있는 기회를 주자.

8

마인드 미션 8.
유니크(UNIQUE)하게 키워라

- 세계 최고가 1등이 아니다

나의 천재성은 무엇일까? 오늘 하루종일 생각하던 중 이어령의 글을 읽고, 순간 스쳐지나가며 만난 불꽃이 가슴에 와닿아서 글을 썼다.

천재 아닌 사람은 없다.

모든 사람은 천재로 태어나고 그 사람만 할 수 있는 일이 있다.

그런데 그 천재성을 남들이 덮어버린다.

내가 뛰고 싶은 방향으로 뛰면 누구나 1등을 할 수 있다.

Best One이 없어도

Best Two가 대신할 수 있지만

Only One이 없으면 아무도 그를 대신할 수 없다.

Only One이 되어라.

– 『짧은 이야기, 긴 생각』, 이어령, 시공미디어

위의 글을 읽고 쓴 내용을 올렸더니 자기가 천재인지 모르고 있다가 알게 되어 기뻐하는 SNS 이웃들이 있었다. 물론 현재 천재가 아님에 슬퍼하는 글을 올린 SNS 이웃도 있었다. 물론 이미 알고 있으나 다시 한번 내 글로 인해 깨달아서 감사하다는 인사를 주고받는다.

360명이 원을 만들고 있다 생각해 보자. 1도씩 각을 다르게 360명이 원을 만들면 된다. 한 줄이 아닌 360명이 각자 1등이 된다. 각자의 길로 자신의 능력껏 펼치면 된다. 아이들이 360가지의 다른 자신의 천재성을 찾도록 도와주는 것이 부모의 할 일이다. 이 책 표지의 무지개 빛깔 원모양이 떠오르지 않는가? 무지갯빛이 모두 다르듯이 우리 아이 고유한 빛깔을 찾아가도록 도와주는 것이 좋지 않을까?

아이의 장점을 보고 키워주는 방법이 있다. 잘하는 것을 하다 보면 부족한 것도 해야 하는 일이 생긴다. 과학을 좋아하는 아이가 과학 속 수학을 알게 되면 수학을 공부하는 것처럼 말이다. 또 그림을 좋아하는 아이가 그림 속 원리 대칭, 비율을 생각해 그리다 관련된 수학을 공부하게 되는 것이다. 피아노를 잘 치다 보니 노래를 잘하게 되는 것도 마찬가지다.

피아노 잘 치는 아이

국어 잘하는 아이

수학 잘하는 아이

그림 잘 그리는 아이

노래 잘하는 아이

발명 잘하는 아이

말 잘하는 아이

춤을 잘 추는 아이

만들기 잘하는 아이

요리 잘하는 아이

축구 잘하는 아이

줄넘기 잘하는 아이

달리기 잘하는 아이

글 잘 쓰는 아이 등등….

아이들이 좋아하고 잘하는 것을 격려하며 계속 하게 하면 언젠가는 그 분야의 최고가 될 수 있다. 모두가 한쪽을 보고 경쟁하기보다는 각자의 천재성을 찾아 360도인 다른 분야를 깊이 있게 꾸준히 하면 성공할 수 있다. 잘하고 좋아하는 것이니까.

아이의 천재성은 무엇일까? 부모들은 생각한 적이 있을 꺼다. 아이도 잘하는 것을 자주하고 꾸준히 하면 그 분야에 성공한다. 우리가 너무 잘 아는 피겨스케이팅 선수 김연아를 떠올리면 된다. 잘하는 분야를 그냥 하게 하면 된다.

에디슨의 천재성은 발명이었다. 학교를 제대로 다니지 못할 정도로 적응을 못하고 공부도 못한 걸로 알려져 있다. 그러나 엄마는 에디슨의 천재성을 알아봐주고 격려했다. 그런 에디슨은 우리가 아는 대로 수많은 발명품을 만든 과학자다. 그는 발명 천재였다. 그것도 시대 최고의 발명가였다. 실패해도 실패가 아니라 과정이라 생각하며 그냥 몰입해서 계속 했다. 실패는 과정일 뿐이다. 에디슨은 아마 재미있게 했으리라. 자신이 좋아하고 잘하는 것을 하고 있었으니까 말이다.

9

마인드 미션 9.
학습근력을 키워라
- 끈기가 공부를 잘하게 한다

    학습근력! 들어보셨나요? 부모님의 관심사 맞나요? 어떻게 하면 공부를 잘할 수 있을까? 공부를 잘하는 법은 꾸준히 쉬지 않고 하는 것이겠지요? 하지만 이 대답으로는 부족하다. 꾸준히 쉬지 않고 하기 위해 학습근력이 필요하다. 학습근력을 키우는 것은 매일매일 공부하면서 쌓아가야 한다.

    요즘 시대는 학벌이 자랑은 아니다. 그 시절 난 잘하는 게 공부였기에 박사는 아니지만 석사과정까지 졸업했다. 나를 되돌아보면 어떤 능력들이 있었을까? 내가 공부하면서 했던 방법이다. 지금과는 다른 방법들도 있다.

    1. 읽고 이해하는 힘 – 언어능력 = 책 읽기(「평생 배우며

독서하라」와 「아이와 함께 독서하라」를 참고하라.)

2. 반복하는 힘 – 뇌에 기억이 잘된다. 좋아하는 건 계속해서 실력이 느는 것처럼 운동이든 지식이든 반복하면 더 기억하게 되고 이해하게 된다. 홍해인의 무의식에 백현우를 기억하는 법과 같다.

3. 앉아 있는 엉덩이 – 체력

4. 생각하는 힘 – 사고력

5. 질문하는 힘 – 메타인지의 힘

6. 계획적인 힘 – 일별 학습 계획을 세우고 나아가는 힘

7. 공부한 걸 쓰며 정리하는 힘

8. 공부하고 나서 내가 아는 것과 모르는 것을 아는 힘 – 메타인지 – 모르는 것을 찾아 익히는 힘

9. 설명하는 힘 – 친구가 물으면 가르쳐주며 배우는 힘. 유대인의 교육에서 친구와 공부하고 서로 묻고 답하면서 더 확실히 알게 된다. 하브루타의 질문하고 답하기다.

10. 자기주도학습력 – 스스로 공부를 하는 힘

11. 내가 선생님이라면 어떤 문제를 낼까? 생각하고 문제 만들 수 있는 힘 등이다.

이런 능력을 기른다면 공부를 잘할 것이다. 매일 이런 학습방법으로 공부를 꾸준히 해 나가는 것이 공부 잘하는 비결이다.

그리고 어려운 문제를 풀기 위해서는 오래 생각하고 시간을 보내며 해결하는 힘을 가져야 한다. 이렇게 하면 학습근력이 길러진다. 공부를 잘하고 싶다면 시도해보길 권장한다.

마인드 미션 10.
응원과 지지를 아끼지 마라

- 잘하는 것을 중심으로 격려하라

아들러의 심리학에서 격려는 행동을 변화시키는 가장 핵심적 요소다

아들의 어린 시절이었다. 어릴 때다. 호기심 대왕 아들은 가만히 있지 않았다. 활발하다 말하지요? 그리고 아들은 엄마의 요리 실력이 뛰어나지 않은 탓도 있지만 조금씩 자주 조금 먹는 아이었다. 활동량에 비해 영양 섭취가 부족했으리라. 그런 아들은 코피가 자주 났다. 몸도 말랐다. 어리지만 살찐 적이 없었다.

걱정이 되는 나는 한약을 지으러 갔다. 친절한 한의사는 진맥을 하시더니 "이 아이는 못한 것 꾸중보다 잘하는 것을 격려하면 더 좋아요. 그럼 더 잘하게 됩니다."

자기반성을 잘하며, 좋아하면 몰입을 잘하고 세심한 아이라는 것이다. 더 잘될 아이란다. 한약을 먹고 코피는 덜 나게 되었다. 명 한의사라 할 만하다. 그리고 알게 되었다.

격려가 아이에게 힘이 된다는 것을 말이다. 믿고 기다리고 격려하면 된다. 좋아하고 잘하는 것을 격려하면 무한대로 성장할 것이라는 걸 말이다.

격려는 아이가 자신의 강점과 잠재력을 알고 동기를 부여하도록 돕는다. 그럼 아이는 행동하게 된다.

11

마인드 미션 11.
메타인지를 키우기 위해 질문하라

- 메타인지를 높이는 최고의 방법이 있다

'10공 100행', 하브루타 부모교육 김금선TV에서 소개하는 내용이다. 행복을 가져다주는 교육을 이야기한다. 내가 아이들 키울 때 좀 더 정확히 알고 실천했다면 좋았을 텐데 그러지 못해 아쉽다.

'10공 100행'의 뜻, 궁금하지 않은가? 하브루타로 10년 공들이면 100년 행복할 수 있다는 뜻이다. 교육의 최적기인 세 살부터 10년을 고민하고 함께 소통하고, 의사교환, 결정, 협상, 존중하면 아이는 행복하지 않을까?

5학년 과학 시간이었다. 고체의 종류에 따라 열의 이동 실험을 했다. 그리고 탐구 보고서를 쓰고 평가를 했다.

탐구 보고서를 같이 살펴보며 결과를 같이 확인했다.

고체 물질의 종류에 따라 열의 이동 빠르기가 다름이 결과다. 구리, 철, 유리 순으로 열이 이동된다. 그리고 탐구결과 알게 된 점과 궁금한 점을 2가지 이상 적어보게 했고, 학교에서 준비한 개인용 갤럭시 탭으로 질문의 답을 찾아보았다.

어떤 학생이 말했다.

"선생님, 질문의 답을 찾고 나니 꼬리에 꼬리를 물고 또 질문이 생겼어요!"

내가 바라는 말이다. 자신이 알게 된 내용은 알게 되지만 또 모르는 것을 알게 되고 찾게 되는 것이 바로 메타인지가 아니겠는가? 그렇게 궁금한 것이 있어야 또 찾고 알아가게 되니까 말이다.

3장

모두의 성장을 끌어당기는
마인드 미션 5가지

마인드 미션 1.
자기 자신을 사랑하라
- 사랑은 모든 것을 이긴다

"자기 자신을 사랑하는 것은 평생의 로맨스를 시작하는 것
이다."

- 오스카 와일드

『시크릿』에 나오는 레이즐 존슨 이야기다. 레이즐 존슨은
2000년 시드니 올림픽 수영 부문에서 여자 개인 100m 평영
은메달을 딴 선수다. 4년 뒤 아테네 올림픽에서는 잘해야 한
다는 압박감으로 동메달을 간신히 땄다. 그런 그녀는 자기 자
신에 대한 실망감에 깊은 우울과 절망감에 빠졌다. 그녀는 당
시 "앞이 깜깜했다."라고 표현했다.

그런 그녀가 변했다. 자기 자신을 사랑하게 된 것이다. 그
리고 나서는 수영 실력도 향상되었다. 그리고 자신의 방식으

로 세계기록을 갈아 치웠고 마침내 베이징 올림픽 여자 개인 100m 평영과 여자 400m 개인혼영에서 금메달을 획득했다. 자기 자신을 사랑한 결과 마음속에 있던 생각과 실천들이 자신의 성공으로 끌여들였던 것이다.

이 수영 선수가 성공할 수 있었던 것은 자신의 긍정성을 찾고 이에 대해 감사하고 하루하루 최선을 다한 결과였다. 자신을 사랑하는 사람은 진심으로 누군가를 사랑할 수 있죠? 바로 그 마인드가 아이를 성장시키는 비법이다.

엄마가 그리고 교사가 자기 자신을 사랑하면 아이를 사랑할 수 있다. 그렇게 사랑받은 아이는 친구도 사랑하게 될 것이다. 어찌 친구를 놀리고 때리겠는가? 나처럼 소중한 친구다. 그런 일은 일어나지 않을 것이다.

그런 사람들은 긍정적인 기분을 잘 유지할 것이고 하루하루 최선을 다해 인생을 잘 살 것이지 않겠는가? 사랑하는 것이 모든 것의 비법이다.

아이유의 〈LOVE WINS ALL〉 노래를 들으며 이 글을 쓴다. 모든 것이란 두려움, 편견, 슬픔, 고난, 아픔, 외로움, 실패 등이다. 나 자신을 사랑하라.

마인드 미션 2.
아이를 위해 부모와 교사는 협력하라

교사와 부모의 공동 목표는 뭘까?

– 아이의 성장이다.

– 아이의 자립이다.

"한 아이를 키우기 위해 온 마을이 필요하다."라는 아프리카 속담이 있다.

　교육은 한 사람에 의해서 이루어지는 것이 아니다. 아이들의 기본적인 마음가짐과 생활방식은 대부분 태어나면서부터 가정에서 형성된다. 그래서 교실에서 교사가 학생의 생활태도를 바로 잡기가 어렵다. 그래서 초등교육에서 가정에서 이루어지는 부모들의 협력이 필수다.

교사와 부모는 학생의 성장이라는 공동의 목표를 위해 노력해야 한다. 부모는 교사가 자신의 자녀를 돕기 위한 존재를 알 때, 자녀의 성장을 돕는 조력자로 받아들이고 서로 협력하는 관계가 형성된다.

교사도 부모도 학생이 친구들과 사이좋게 지내면서 즐거운 학교생활을 하길 바란다. 즉 교사와 부모는 학생의 성장이라는 공동의 목표 아래 서로 손을 맞잡고 함께 고민하고 격려해야 한다. 학교에서 배운 내용을 부모님이 관심을 가지고 해보길 바란다. 교사가 아이들에게 낸 과제다.

5/16 과제: 딸기에 대해 알게 된 점 설명해 드리고 딸기 찹쌀떡을 먹으며 느낀 점 하부르타하기, 용수철의 특징과 사용 예시 설명해 드리기.

과제를 내면 부모님과 이야기 나누기를 한다. 아이와 부모와의 대화로 아이의 생각이 넓어지고, 자신감이 높아진다. 그런 부모님들은 학교에 감사해하신다. 교사와 부모는 학교와 가정에서 함께 하는 것이 얼마나 중요한지 깨닫게 된다.

3

마인드 미션 3.
마음근력을 키워라
- 몸 근력보다 중요하다

회복탄력성(마음근력)이란 인생의 역경과 도전에 맞설 때 마음의 원천에서 필요한 자원을 끌어올 수 있는 내적인 능력이다. 용수철을 생각하면 된다. 늘어났다가 원래대로 돌아가는 능력이다. 하지만 우리의 내적인 능력은 용수철보다 즉 원래보다 더 성장하게 한다.

학교에는 여러 가지 일들이 일어난다. 학생 인권이 중요시되고 교권은 무너지며 부모의 요구와 갈등이 늘어나고 있다. 물론 직장이다 보니 동료들과의 문제로 갈등도 일어난다. 여러 원인들로 인해 교사는 자신의 소명으로부터 소외된 느낌을 받고, 행정적인 일들도 부담이 가중되어 학생 교육에 여러 어려움을 겪고 있다. 난 이런 어려움에 대해 회복탄력성을 발휘해서 시련을 극복하는 방법을 나누고자 한다.

　나는 개인적으로 회복탄력성이 필요한 사람이었다. 농촌의 가난한 교육 수준이 낮은 부모님 밑에서 자랐다. 아버지는 할아버지의 이른 별세로 칠 남매의 장남으로서 일찍 동생들의 아버지 역할을 하셨다. 그런 아버지는 책임감에 젊은 시절 결혼 전 베트남전쟁에 참가하셔서 돈을 벌어오기도 하셨다. 그리고 지금은 고인이신 아버지는 전쟁이라는 상황에서 얻은 마음의 상처, 몸의 상처를 안고 사셨다. 결국 아버지는 자신의 상처를 극복하지 못하셨고, 부모님의 잦은 다툼 속에서 우리 네 자매는 자랐다.

　가난과 부모님의 다툼에서 벗어나고 싶었다. 어려움을 견디기 위해 책 속으로 도망가기도 했다. 그때 책으로 회복탄력성을 알게 되고 내 삶에 적용하면서 이겨낼 수 있게 되었다.

　회복탄력성은 크게 세 가지 능력이다. 스스로의 감정과 충동을 잘 통제할 수 있는 자기조절력, 주변 사람과 건강한 인간관계를 맺을 수 있는 대인관계력, 긍정적 정서를 유발하는 습관인 긍정성이다.

자기조절력은 자기 감정을 이해하고 조절하는 능력인 '감성지능'을 키운다. 나를 존중하지 않는 느낌, 부당한 대우를 받는 느낌 등이 들 때의 내 감정을 파악한다. 이때 자기 공감으로 자신을 배려한다. 화가 나고 분노가 치밀지만 이를 경험하는 것은 우리의 잘못이 아니다. 감정은 인간의 일부다. 이런 격한 감정은 바라보다가 시간이 지나면 결국 사라진다는 것이다. 이때 내 감정을 보내는 방법은 하고 있는 일을 멈추고 천천히 심호흡을 세 번 하는 것이다. 그리고 자신의 상황을 관찰하고 상황이 나빠지지 않도록 선택한 자신을 칭찬하면 해결된다. 이 대처 방법으로 자기조절력을 키울 수 있다.

인간은 사회적 동물이므로 대인관계능력이 꼭 필요하다. 타인과의 관계는 정서적 건강을 지탱하게 할 만큼 중요하다. 식물은 햇빛과 물이 있어야 잘 자라듯 인간은 사랑과 교류가 있어야 건강하게 자란다.

친구, 형제, 옛 동료, 현재 동료, 신앙공동체, 온라인 회원들 등 누구든 친밀한 대인관계를 유지하고 건강하게 교류하는 것이 회복탄력성을 높여준다. 반대로 인간관계가 결여되면 즉 외로움과 고립은 연구 결과 고혈압, 면역저하, 심장병,

뇌졸중에 좋지 않은 영향을 미친다는 사실이다.

긍정심리학에 의하면 자신의 강점과 재능에 집중하는 것이 약점이나 부족함에 집중하는 것보다 자신감과 힘을 얻어 성공하기가 쉽다. 긍정적 감정은 면력력 강화, 스트레스호르몬 감소 등에 효과가 있고 또 상황을 효과적으로 대처하고 자기효능감을 향상시킨다. 즉 긍정성은 회복탄력성을 높여준다는 것이다.

자기조절력, 대인관계능력, 긍정성을 기르는 방법을 알게 되니 삶이 힘들어도 이겨낼 수 있다. 그리고 힘듦이 지나가고 나면 이 힘듦을 딛고 성장해 있는 나 자신을 보게 되었다. 마음근력도 몸 근력 못지않게 이처럼 중하다. 아니 몸 근력보다 더 중요하다 생각한다.

마인드 미션 4.
매사에 감사하라

- 몸과 마음의 최상의 상태를 선물로 준다

감사하는 마음을 가지는 것이 우리 몸에 어떤 영향을 미칠까? 학자들은 심장박동과 감정 사이의 밀접한 관련성을 긍정적 정서에서 찾았고, 이를 실험대상자들에게 테스트했다. 테스트는 즐거운 일을 상상하기, 마음을 차분히 가라앉히고 명상하기, 아무 생각 없이 편히 쉬기, 감사하는 마음 가지기로 진행됐다. 실험 결과 심장박동수를 가장 이상적으로 유지시켜주는 것이 '감사하는 마음'이었다.

분노나 좌절감 등 부정적 감정에는 심장이 매우 불규칙적으로 변하지만, 감사함에 대해 생각하고 고마움을 느끼면 심장박동수는 규칙적으로 변한다. 감사하는 마음은 몸과 마음을 편안하게 해주고 및 최상의 상태로 선물을 준다. 그래서 우린 감사하기를 하는 것이 좋다. 하지만 그냥 되는 것은 아니다. 감사하기 훈련을 하면 된다. 해답은 감사일기 쓰기다. 정한 시간에 그날 있었던 일 중 감사할 것을 3가지 이상 수첩에 적는다. 구체적일수록 좋다. 100일 정도 하면 변화되는 것들이다.

1. 기분이 좋아진다.
2. 부정적 생각이 덜 떠오른다.
3. 원하는 것을 할 때 집중과 몰입이 잘 된다.
4. 다른 좋은 습관들도 꾸준히 하게 만든다.
5. 나와 타인을 긍정적으로 생각하게 한다.
6. 스트레스 상황에서도 차분하게 대처 가능해진다.

이외에도 많다. 감사를 통해 매일 성장해 가기를 바라는 마음이다.

마인드 미션 5.
작고 소소한 것부터 실행하라

- 그냥 한 발을 내딛어라

"오늘이 최고의 날인 것처럼 느낄 필요가 없다. 그저 그런 것
처럼 행동하면 된다."

– 게리 비숍

행동 없는 생각은 생각에 그친다. 생각만 하고 기분이나 마
음가짐이 달라지길 기다린다면, 결국 아무 것도 시작하지 않
으면 원하는 일은 일어나지 않는다.

행동으로 인생이 바뀐다. 실제로 여러분의 생각이 당신의
행동과 긴밀하게 연결된다면 『알라딘』에 나오는 지니가 마법
같은 일을 만들듯 우리에게도 신비한 일이 생긴다.

생각이 현실이 될 수 있다. 우리는 이미 알고 있다. 하지만 행동은 생각을 바꾸는 지름길이기도 하다는 사실을 말하겠다.

기분 좋으면 좋지만 기분 좋은 날이 그리 많을까? 그러니 기분이 좋아질 때까지 기다리지 말자.

"아무것도 하지 않으면 의심과 공포가 생긴다. 행동하면 자신감과 용기가 생긴다. 두려움을 정복하고 싶다면 집에 앉아서 생각만 하지 말고, 나가서 바쁘게 움직여라."

– 데일 카네기

그래서 생각했다. 긍정적 사고를 한다고 반드시 무언가 성공하는 것도 아니고, 부정적 사고를 한다고 꼭 실패하는 것도 아니다. 유명한 스티브 잡스도 그랬다.

난 가정생활과 학교생활에서 '이게 아닌데' 하면서 생각만 하지는 않았다. 생각한 후 그냥 첫발을 떼고, 그리고 다음 발, 또 다음 발을 뗐다. 그랬더니 먼지 같은 성공들을 하나씩 하나씩 맛보게 되었다. 이렇게 난 그냥 행동을 했다.

물론 난 고생했고, 잠 못 들고, 고통이 따랐다. 지금 이 순간이 오기까지 걱정했고, 싸우고, 부단히 했다.

그리고 일과 인생이 지금 여기까지 도달했다.

여러분들이 「작고 소소한 것부터 실행하라」를 읽고 있다고 생각하니, 바로 지금이 가장 좋은 순간이고 내 삶이어서 행복하다고 느끼게 된다.

4장

먼지 같은 성공 미션
도전 스토리

- 학교의 성장을 끌어당긴 성공 미션 8가지

성공미션 1.
수업개선 사례 도전기

- 과학 글쓰기를 주제로 과학수업개선사례에 도전

담임교사 12년째일 때다. 과학 글쓰기를 주제로 과학수업 개선사례에 도전했다. 지금 교육과정에는 과학 글쓰기가 녹아 있다. 그 당시에는 교과서에 과학 글쓰기란 없던 시절이다. 교사라면 수업을 자신 있게 할 수 있어야 한다는 신념 아래 시작했다.

먼지처럼 매일 조금씩 조금씩 더 노력하고 연구하며 수업 일지를 썼다. 3학년 학생을 대상으로 1년 동안의 수업일지와 수업 방법들을 글로 썼다. 기대하지 않고 나의 성장을 기대하며 시작했는데 뜻밖의 선물로 도 대회에서 1등급을 수상하였다. 그리고 덤으로 전국대회 출전 기회가 주어졌다.

이때가 나의 30대 전성기 아닐까 생각해 본다. 열정이 넘치는 시기다. 나의 열정으로 아이들은 신바람 들린 것처럼 수업에 함께했다. 그것도 과학 글쓰기를 말이다. 글 쓰기 싫어하는 아이들이 많다는 게 사실이다. 하지만 나의 수업에서만은 28명의 아이들이 모두 글을 글로 보지 않았다. 그저 자신을 표현하는 하나의 수단일 뿐이었다. 우리의 열정이 느껴지는가?

전국대회 준비로 수업 컨설팅을 받으며 난 또 성장했다. 비록 수상하지 못해도 배운 것이다.

이 수업개선사례의 분량은 총 100쪽으로, 수업일지가 50쪽에 달한다. 한 권의 책이라고 할 수 있다. 그 중 이 책의 분량 문제로 5쪽인 요약서만 부록에 둔다. 참고가 되면 좋겠다.

성공미션 2.
수업연구교사 활동 도전기

- 2018 수업연구교사 활동

주제: 질문과 배움이 있는 수업 만들기

수업 전

3월 새 학기를 맞으며 어떻게 학생활동중심수업을 해야 할까 고민했다. 그러던 중 교감 선생님의 권유로 수업연구교사라는 활동에 참가하게 되었다. 수업에 대해서는 항상 고민하지만 이번 활동을 통해 한번 제대로 고민해보자는 마음가짐으로 수업을 하기 시작했다.

또한 1년 내내 온 북 읽기 즉『성적표 무덤』,『마두의 말씨앗』,『아빠, 업어 줘』,『초록 고양이』,『내가 도와줄게!』,『사라,

버스를 타다』, 『금동황로 속으로 사라진 고양이』 등의 책들을 함께 읽고 생각을 나누고 다양하게 표현함으로써 독서의 즐거움을 경험하고 느끼고 있다.

정해진 40분이란 시간 속에서 초대한 여러 선생님들과 함께 수업을 계획하고 고민하는 데 다소 어려움이 있었다. 그러나 국어 교과에 적용할 수 있는 하브루타식 수업을 통해 학생들에게 좀 더 배움이 일어나길 바라는 바람 하나로 서투른 첫걸음을 준비하게 되었다.

수업 후

1년 동안 질문과 배움이 있는 수업을 하던 중, 어느 하루는 수업 공개를 했다. 나의 일 년 살이를 한 시간 수업으로 보여주는 것이다. 공개수업 때 아이들에게 수업을 미리 말하지 않는다. 이유는 내 수업을 보는 다른 교사, 관리자, 부모님, 장학사들에게 꾸밈없이 보여 주고 싶기 때문이다. 물론 그날 수업도 그랬다. 내가 하는 수업 그 자체, 날 것을 보여주었다. 수업은 일상 수업과 같이 진행했고 아이들은 나와 호흡이 척척 맞았다. 짜릿한 수업이었다. 학생과 교사가 수업에 몰입을 하였다.

공개 수업 이후 있던 수업 협의회에서도 그런 장면을 보신 장학사님, 참관 교사들도 나의 일 년 살이 수업이 한 수업에서 다 보여진다며 칭찬을 많이 해주셨다. 기뻤다. 나의 고된 노력과 실행력이 빛을 발했다. '그래 수업은 이렇게 하는 것이지.'라며 생각했다.

수업은 하나의 예술 작품이다. 그림을 그리듯 구상을 하고 밑그림 그리고, 채색을 한다. 그리고 마무리를 한다. 수업도 무슨 주제로 할지 정한다. 그리고 흐름을 생각하고 학습목표 달성을 위한 활동을 정한다. 그리고 본 수업을 한다. 수업하며 활동간 서로 유기적으로 연결되게 목표를 향해 달려간다. 목표를 달성하고 수업 마무리를 한다.

2024년은 급격한 AI(인공지능) 성장 시대라는 것을 느낀다. 체감을 하고 나도 놀란다. 챗 GPT, 뤼튼 등에서 질문을 어떻게 하냐에 따라 답이 달라진다. 질문을 잘하면 답은 찾기 쉬운 시대. 질문에 따라 그림도 그려주고 글도 써준다. 지금 우린 이런 시대에 살고 있다.

2018년도 질문과 배움 수업은 지금 시대 흐름을 예상하지 않았지만 동시성의 원리처럼 그때 그것을 했다. 질문을 배워 가는 수업을 말이다.

주제: 참 EASY 과학활동수업

수업 전

수업 연구교사 2년차 과학전담수업을 하게 되었다. 그동안 담임으로 과학을 가르쳐왔으나 3~6학년 과학수업만을 하게 되니 설레기도 하고 부담이 되기도 하였다. 고민 또 고민하며 한해 과학수업을 열심히 하려고 시도를 하였으나 아직 수업에 부족함이 남아 있다는 아쉬움이 있다.

올해 중점으로 과학수업에 하게 된 활동은 즐거운 협력수업, 탐구활동수업, 탐구 보고서 쓰기, 질문하기 등으로 진행하였다. 즉 참 EASY 과학활동수업으로 하고자 하였다. 자세히 설명하면 참 EASY 과학활동수업이란?

E(enjoy) – 수업은 즐거운 과학체험수업으로

A(ask) – 궁금한 것은 질문하기

S(self) – 자기 스스로 배움에 집중하기

Y(you&I) – 너와 나 우리 협력학습 하기이다.

그래서 학생활동중심수업을 위해 짝활동, 모둠활동을 활발히 하기 위해 하브루타식 대화로 서로의 의견 나누기와 모으기 활동을 실시해 보고 싶어 적용해 보기로 했다.

활동들을 하면서 생각보다 학생들이 과학 수업을 재미있어한다는 걸 알았다. 그만큼 적극적으로 배우며 수업에 참여하는 등 더 활기찬 수업이 가능하다는 결과를 거두게 되었다.

수업 후

교사라면 수업에 매진해야 한다는 생각을 항상 하고 있었다. 이번 수업 연구교사 활동을 하면서 더 수업에 집중하여 학생들과 호흡할 수 있는 기회를 가진 것 같다.

학생이 배움에 즐거우면 교사도 즐겁게 가르칠 수 있으니 어떻게 하면 학생들에게 자연스럽게 배움이 일어나게 할까 고민을 했다. 그 결과 참 EASY 과학활동수업을 주제로 올 한 해 수업을 이끌어 가고 있는데 어느 해보다 학생들이 배움에 다가가고 있는 것이 눈에 보여 뿌듯함을 느끼고 있다.

앞으로도 더 연구하고 연수하고 배우면서 학생들과 교사가 소통하고 배우는 교실을 이끌어 가고 싶다.

3

성공미션 3.
나만의 안식처인 동굴 갖기 도전기
- 나만의 안식처인 동굴이 있나요?

웬 동굴 이야기일까요? 난 겉으로 남들이 보기엔 털털하고 성격 좋게 생겼다고 한다. 물론 그렇기도 하다. 남들에게 보여주는 난 털털하고 친절한 편이다.

한데 난 태어날 때부터 소심하고 예민하게 태어났다. 기질적 특성이다. 주변 사람들의 말 한마디나 표정 하나하나 민감하게 받아들이고, 변화와 새로움에 있어 스트레스에 취약하다. 나를 아는 사람들은 그렇지 않은 면을 더 많이 알고 있다.

칼 융은 이런 사람을 매우 민감한 사람들이라 표현한다. 즉 보통의 사람보다 자극에 민감하고, 더 많은 정보를 받아들여 처리하고, 주위에 신경을 많이 쓰니 에너지 소모가 크다. 내가 그렇다. 사람들의 관계에서는 마음의 손상을 쉽게 받아 하루 일을 마치고 집에 오면 몸도 마음도 지쳐버린다.

그럴 때 나만의 안식처인 동굴은 바로 바다다.

직장 바로 앞에 바다에 갔더니 바다와 파도가 나를 위로해 주고 아픈 상처를 치료해 주었다. 나만의 마음 치료 방법은 좋아하는 바다에 가서 그냥 바라보기다. 파멍이다. 불멍이 아닌 파멍 말이다. 나의 마음을 위한 힐링 장소가 바로 마음먹 으면 언제나 갈 수 있는 바다다. 그곳이 나만의 안전한 동굴 이다.

사람은 긴장과 이완이 적절히 필요하다. 직장에서는 긴장 하고 몸과 마음이 너덜너덜해지잖아요? 나만의 동굴에서 휴 식할 때는 온전히 쉴 수 있고 마음을 편안하게 해주고 치료까 지 되고 회복이 되어 에너지를 얻는 것이지요?

여러분은 어떤 동굴이 있나요?

어떤 사람은 여행

어떤 사람은 부모님 집

어떤 사람은 혼자 집에 있기

어떤 사람은 세컨드 하우스(집)

어떤 사람은 사람들 만나기

어떤 사람은 술 마시기

어떤 사람은 드라이브 하기

어떤 사람은 책 읽기

어떤 사람은 글쓰기

어떤 사람은 운동 등등….

바닷가에 살면서 바다가 동굴이 되었고, 바다에 갔다가 퇴근 시간을 보낸다. 그럼 긍정에너지가 다시 생겨 즐겁게 하루를 마무리하곤 한다.

여러분도 나만의 동굴이 없으시다면 만들어 보시겠어요?

성공미션 4.
하루 3가지 감사 도전기

- 하루 3가지 감사하기

나는 늘 작은 수첩 하나를 준비하고 다닌다. 퇴근하고 집에 오면 적어본다. 오늘 나의 감사한 것 3가지를 매일 메모한다. 그리고 자기 전 감사한 것을 떠올리면서 자면 잘 잘 수 있다.

감사한 것을 아래와 같이 적어본다.

1. 폰으로 아들의 밝은 목소리를 들어 감사하다.
2. 내가 좋아하는 붓펜 캐리커처를 배울 수 있음에 감사하다.
3. 나의 다리가 되어 주는 차가 있어 감사하다.
4. 나의 필명을 지을 때 동료들이 여러 가지 의견을 말해 주어 감사하다.
5. 에듀테크 연수 시간 고프로의 기능을 배우고 동영상을 즐겁게 찍을 수 있어 감사하다.

6. 갑자기 멀리 사는 딸이 내일 온다는 소식이 감사하다.

7. 친구가 내가 좋아하는 김밥을 싸주어서 감사하다.

8. 아이들과 소소한 수업을 마쳐서 감사하다.

9. 인스타그램에 릴스를 올렸는데 좋아요를 클릭해주시는
   이웃들이 감사하다.

10. 오늘 하루 무사히 평온하게 지냄을 감사한다.

어떨 때는

선불 감사하기를 한다.

아침에 눈을 뜨면 '오늘을 선물 받아 감사하다.'

생각하고 하루를 시작한다.

감사하기를 많이 할수록 몸과 마음이 평온해짐을 느낀다.

5

성공미션 5.
헬스 운동 도전기

작은 습관 헬스 1 · 2 · 3교시

평일에 헬스를 간다. 비가 오는 날은 운동 가기 싫다고 생각할 때도 있었다. 요즘은 운동 가기 전에 생각을 하지 않기로 했다. 운동복 입고 운동화를 신으면 그냥 가는 거라 뇌에 새기기 위해서다. 나도 모르게 비가 오는 날은 운동하지 않을 생각을 했기 때문이다. 즉 안할 핑계를 생각할까 그렇다. 작은 습관이라 생각하고 그냥 간다. 그냥 가서 운동을 한다.

1교시
러닝머신에서 서서히 걷다가 빠르게 걷는다.
그리고 서서히 뛴다. 리듬에 맞춰 계속 뛴다.

이어폰으로 들려오는 음악에 맞춰 땀을 흘리며 계속 뛴다. 심장이 뛰듯이 나의 몸도 같이 뛴다. 이때 기분이 최고다. 이런 기분을 느끼기 원해서 운동을 한다. 그리고 서서히 속도를 낮추어 러닝머신에서 내려온다.

2교시

근육운동이다.

크게 하체와 상체이다.

내가 하는 무게로 정해 정한 개수로 근력운동을 한다.

근력운동을 하면 헬스기구의 종류에 따라

내 부분 부분 근육들을 느끼며 호흡하며 한다.

하면 할수록 할 수 있는 개수도 늘어가고,

할 수 있는 무게도 아주 조금씩 늘어간다.

헬스기구를 하나씩 해나가는 성공을 느끼며 한다.

3교시

매트에서 스트레칭을 한다.

폼롤러를 이용한 마사지를 한다.

그리고 복부운동을 한다. 나 혼자 정한 개수만큼 하고 더

할 수 있을 때는 더 한다.

복부에 힘이 들어갈 때 단단해지는 느낌이 들 때 힘드니 숨을 내쉬며 해 나간다.

1~3교시 중에서 내 몸 상태에 따라 더 하는 날도 건너뛰는 교시도 있다. 뿌듯한 기분으로 집에 와서 샤워하고 다음 할 일들을 한다.

작은 나의 습관 한 가지를 성공하는 기쁨을 만끽해서 다시 기분이 좋아진다.

그리고 실외 운동을 하고 싶을 땐 산책을 한다.

6

성공미션 6.
올바른 감정 표현 도전기

- 화나면 침묵하고, 행복은 더 표현하기

매직 1-2-3

매직 1-2-3을 적용한 부모와 교사들은 기쁘고 밝은 얼굴로 이야기 합니다.

"정말 마법 같아요."

그래서 매직이라는 이름을 붙인 거다. 물론 마법을 경험했고 하고 있다.

쉬는 시간이 끝났는데 아직 친구와 모여 소란스럽게 놀고 있는 아이들이 있다. 이때 교사는 아이들을 보고 침착한 목소리로 이렇게 말하면 된다.

"하나."

처음에는 아이들이 거들떠보지 않는다. 오히려 더 떠들기도 한다. 그래도 교사는 마음을 가라앉히면서 속으로 5초를 헤아리고 기다린다. 5초를 기다리는 건 중요하다. 그래도 아이들이 자기 자리에 가지 않는다면 손가락 두 개를 펴면서 말한다.

"둘."

다시 5초가 지났는데도 학생들이 조용히 자리에 가지 않는다면 손가락을 세 개 펴면서 이야기한다.

"셋, 타임아웃 3분."

이런 방법을 사용하면 학생들은 대부분 '둘'할 때부터 거의 긍정적으로 교사가 원하는 행동을 하려고 노력하는 모습을 보인다. 그리고 '셋'하고 말하기 전 모두 자기 자리에 앉는다. 한번 수업에 사용해 보면 마법처럼 바뀌는 것을 경험할 수 있다. 당신도 할 수 있다. 해보면 마법임을 느끼고 놀랄 것이다.

바로 '셋'이 아닌 '둘'까지 세는 이유는 학생이 스스로 행동을 고칠 기회를 두 번 주기 위함이다. 우리가 하나, 둘 세는 것만으로도 당장 학생의 협조를 얻어낼 수 있다. 놀라움 아닌가요? 교사와 학생 사이의 불필요한 갈등 줄일 수 있다. 교사는 학생을 노려보고, 화내고 잔소리를 하는 등 학생에게 기분 나쁜 행동을 할 이유가 사라지게 된다. 이렇게 교사가 화난 감정 조절 위기의 순간을 잘 넘기면 시간이 지날수록 잘했다는 확신을 가진다. 이때 아이들은 문제에 대해 책임을 바로 진다.

이 매직 1-2-3의 마법은 숫자 셀 때 효과가 나오는 것이 아니라 숫자 세고 난 뒤의 침묵 속에 있다.

매직 1-2-3 카운팅의 좋은 점은 다음과 같다.

1. 불필요한 에너지 소모가 없다.
2. 교수학습 수업 시간이 늘어난다.
3. 교사의 권위가 살아난다.
4. 처벌의 유혹을 피할 수 있다.
5. 누구나 배우기 쉽다.

셋에도 문제행동이 바뀌지 않았다면 아이가 책임지는 것이 당연하다. 이때 타임아웃의 다른 대안은 교실 뒤에서 서서 3분간 반성하기, 교실에 필요한 작은 일하기, 칭찬 스티커 회수하기, 집에 연락하기, 상담하기, 자유시간 줄이기 등등이 있다. 다만 벌칙은 항상 공정하게 정해져야 학생들도 받아들이고 따른다는 것 알죠? 이렇게 문제 행동에는 책임이 따르는 것이 당연하고 자연스러운 일이 되어야 한다.

카운팅에 해당되는 행동과 태도는 수업시간 중 자리 이탈 행동, 적절하지 않은 잡담, 말싸움, 몸싸움, 다른 사람 배려하지 않는 말이나 무례한 행동, 교사에게 화를 내는 행동과 말, 심하게 떼쓰는 행동들이다.

과학 수업 활동 중이다. 자석을 이용한 장난감 만들기 활동 시간이다. 한 아이가 활동하며 자꾸 이상한 소리를 낸다. 수업을 방해하는 소음이었다. 다른 친구들이 수업에 집중하는데 방해가 된다. 아이와 눈 맞추고 소리 내면 친구들에게 방해된다고 알려준다. 그 뒤에도 그대로 소리를 지르거나 친구를 놀린다.

이때 매직 1-2-3을 사용하면 놀라운 효과를 볼 수 있다. 하나, 둘 하면 이제 소리를 내지 않는다. 그리고 수업 분위기는 다시 좋아진다. 소리 낸 아이가 자유시간 줄이기를 해야 하는 책임을 져야 하기 때문에 소리를 멈춘 것이다.

이 매직 1-2-3을 알게 된 이후 수업 시 또는 생활 지도 시에 활용하면서 좀 더 효율적으로 학생을 지도하게 되었다. 그리고 효과를 보았다.

마법같이 아이들이 올바르게 말하고 행동하게 만든다.
이런 마법을 사용해 보길 권한다.

7

성공미션 7.
글쓰기 도전기

- 그냥 시작하면 된다

시작하려면 먼저 불편의 다리를 건너야 한다. 무슨 말인가 싶겠지만 「글쓰기 도전기」를 읽고 나면 알게 된다. 걱정 마라. 이 글을 시작한 이는 알 수밖에 없다.

읽어 보고 싶었던 『시작의 기술』을 읽은 후, 우연히 동기부여 영상을 보게 되었다. 이 책을 읽고 파이어족이 된, 그리고 지금은 유튜버로 지내는 사람이 말했다. 침대에 누워 완벽한 사람은 이것저것 따지니 아예 하지 않는 것이 좋다는 결론을 내린다고 말이다. 시작에도 기술이 필요한 것이겠지?

보석 같은 책이다. 시작을 할 수 있게 한다. 상황이 거지 같아 불편해서 시작한다. 글쓴이 게리 비숍이 말했다. 결론은 마인드라고…….

스스로의 무의식, 즉 마인드를 바꾸는 것이라고 한다. 목표를 위해 끊임없이 반복해서 매일 말한단다. 긍정적인 자기와의 대화를 하면서 걸어가면 된다. 그럼 미래가 미묘하게 변한다.

마치 헬스장에서 매일 러닝머신을 뛰면 그날그날은 별 변화가 없다. 하지만 일정한 시간이 지나고 난 후 거울을 보면 안다. 몸이 정직하게 변해 있음을……

말 안 해도 안다. 나 또한 내 무의식이 변하고 있다. 그 중 하나가 글쓰기다. 그리고 매일 글쓰기 도전 100일을 스스로 정하고 달성하는 성공감을 맛보았다. 글쓰기를 그냥 매일 하는 거라고, 그리고 쓰다 보면 내 마음이 치유되고 편안해질 수 있게 된다고 생각이 변하고 있다. 그리고 조금씩 내 몸과 마음이 회복되고 더 좋아짐을 느낀다. 그리고 결국 내가 원하는 성공하는 과정에 있게 될 것이라는 것을 말이다. 시작은 인생을 변화시킬 수 있다.

8

성공미션 8.
잠자는 보석 깨우기

- 끝까지 참고 해내는 끈기

모든 아이는 마음이라는 무의식에 보석(긍정에너지)을 가지고 이 세상에 태어났다. 학교 교실에서 문제 행동을 하는 아이는 태어날 때부터 문제아가 아니었다. 누구에게나 부정에너지가 있듯이 그 아이에게 있던 부정의 에너지를 누군가가 더욱 의식으로 나오게 했을 뿐이다. 그래서 아이는 자신이 가진 보석을 모르고 있다. 스스로 찾을 수 없는 경우가 더 많다. 그래서 부정적 에너지로 나쁜 말과 행동을 하기도 한다. 부모, 교사가 아이에게 자신의 보석을 알려주어야 한다.

그 보석은 용기, 긍정성, 사랑, 친절, 책임감, 감사, 존경 등이다. 아이가 실수할 때 야단치고 화내는 엄마, 교사는 아이의 수치심을 키우고 아이는 평생 마음이 아프다. 그리고 자존감이 낮은 어린이가 된다.

반면 실수해도 용기와 격려를 주는 부모, 교사는 아이에게 평생의 따뜻한 힘이 된다. 즉 아이들은 실수하더라도 존재 자체로 사랑받는, 따뜻한 느낌을 기억하고 저장한다. 이 저장된 마음은 어떤 고난이 와도 이겨낼 수 있고, 실패를 과정 삼아 마침내 성공할 수 있게 한다.

6학년 담임교사를 할 때다. 은비는 5학년 미술시간에 그림을 그리고 색칠하여 완성한 적이 없다는 것이었다. 이 아이에게 그림에 대한 부정적인 경험이 상처가 되어 있는 듯했다. 아이에게 끈기 있게 끝까지 마무리할 수 있는 능력을 키워주고 싶었다. 바로 끈기의 보석이다. 그래서 미술시간 경험한 것을 떠올리게 동기를 유발하고 그리게 하였다. 은비는 그리기를 거부하였다. 그래서 넌 할 수 있고 완성할 수 있다고 말해주었다. 그리고 부족한 것은 집에서 해오라고 과제를 내주었다.

그런 나의 은비에 대한 믿음 때문이었을까? 할 수 있다는 격려가 은비에게 용기를 주었던 것이다. 난 은비의 끝까지 하면 할 수 있다는 끈기의 보석을 찾아주었다. 아이들에게 내가 이런 보석을 찾아주는 것을 해주고 싶었다.

그날 이후 은비는 그림 그리는 것을 망설이지 않고 수업에 참여하고 끈기 있게 완성하는 것이었다. 이런 것이 기적이다. 내가 은비와 서로 나눈 따뜻함이다. 은비의 끈기 보석을 찾아 주어 기뻤다.

아이들의 이름 앞에 보석 ○○○라고 스마트폰에 저장한다. 이유는 언젠가 깨어날 빛나는 보석이기 때문이다.

부록

제13회 교실수업실천사례자료(2011전국대회출전)

참가 영역/ 교과교육

제13회 교실수업개선 실천사례

과학둥이들, SW-IC
과학에 **빠져**들었어요!

교과	과학과
학년	3학년
인원	28명(남 14명, 여 14명)

Ⅰ 추진목적 및 배경

① 연구의 필요성

책을 읽고 독후감을 잘 쓰는 지영이, 그림 그리기를 잘하는 영수, 동시 쓰기를 잘하는 재민이, 모두 자신이 좋아하는 활동을 할 때면 총명하고 반짝이는 눈으로 집중하는 태도를 보인다. 이렇듯 학생들은 각자 다른 생김새보다 더 다양한 특성과 재능을 가지고 있다.

하지만 과학시간에 지영이, 영수, 재민이 등 우리 반 학생들의 모습은? 실험을 하는 활동과 관찰하는 활동에는 적극적이지만, 현상을 분석하고 생각을 정리하는 탐구 활동에는 수동적으로 되어버리고 있다.

"선생님! 과학글쓰기가 어렵고 귀찮아서 싫어요!"

우리 아이들이 3월 학기 초에 과학글쓰기를 처음 활동하면서 했던 말이다. 그러면 이러한 과학글쓰기 능력을 제대로 길러주기 위해서는 어떻게 하면 가장 좋을까? 이러한 필요성에서부터 시작한 본 실천사례연구는 실생활에서 일어나는 주변의 자연현상에 대하여 탐구한다. 더 나아가 과학글쓰기와 신나는 창의성 수업을 통하여 21세기 한국을 이끌어 갈 인재로서의 창의성, 과학적 탐구력을 길러 과학적 소양을 신장시킬 수 있도록 한다.

2 과학둥이들 살펴보기

	출발점 진단	과학 찾기 전략
탐구 측면	• 기초탐구 기능에 대해서 용어조차 잘 모른다. • 탐구 기능을 사용하여도 매우 초보적이다. • 실험기구 사용이 서툴다.	• 기초탐구 기능에 대한 지속적인 훈련이 필요하구나. • 실험기구를 능숙하게 다루어 수업 시간에는 탐구에 바로 빠지도록 해야지.
글쓰기 측면	• 자신이 좋아하는 글쓰기를 하는 것을 즐겁게 생각한다. • 말보다 글로 표현하는 것에 대한 선호도가 높다.	• 좋아하는 과학글쓰기를 활용한 즐거운 수업을 만들어야지. • 과학을 글로 표현하도록 해서 발표까지 하도록 해야겠다.
창의성 측면	• 과학과 창의성에 관련해 인지하는 것이 거의 없었다.	• 창의성이 어려운 것이 아니라 생각을 좀 더 하는 것이라는 것을 여러 활동을 통하여 배우도록 해야 하겠다.

Ⅱ 이렇게 계획했어요

1. 실천대상 : ○○초등학교 3학년 ○반 28명의 친구들 (남 14

   명, 여 14명)

2. 실천기간 : 2011. 03. 02 ~2012. 02. 28 (1년간)

3. 실천은 이렇게 : 숨은 과학 찾기를 위한 구조도

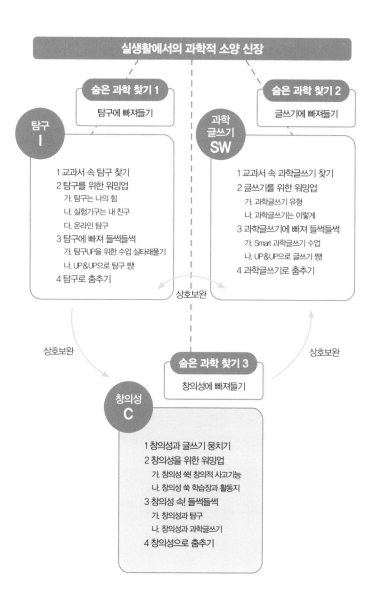

실생활에서의 과학적 소양 신장

숨은 과학 찾기 1

탐구에 빠져들기

**탐구
I**

1 교과서 속 탐구 찾기
2 탐구를 위한 워밍업
  가. 탐구는 나의 힘
  나. 실험기구는 내 친구
  다. 온라인 탐구
3 탐구에 빠져 들썩들썩
  가. 탐구UP을 위한 수업 실타래풀기
  나. UP&UP으로 탐구 쨍
4 탐구로 춤추기

숨은 과학 찾기 2

글쓰기에 빠져들기

**과학
글쓰기
SW**

1 교과서 속 과학글쓰기 찾기
2 글쓰기를 위한 워밍업
  가. 과학글쓰기 유형
  나. 과학글쓰기는 이렇게
3 과학글쓰기에 빠져 들썩들썩
  가. Smart 과학글쓰기 수업
  나. UP&UP으로 글쓰기 쨍
4 과학글쓰기로 춤추기

상호보완

상호보완

상호보완

숨은 과학 찾기 3

창의성에 빠져들기

**창의성
C**

1 창의성과 글쓰기 뭉치기
2 창의성을 위한 워밍업
  가. 창의성 쑥 창의적 사고기능
  나. 창의성 쑥 학습장과 활동지
3 창의성 속 들썩들썩
  가. 창의성과 탐구
  나. 창의성과 과학글쓰기
4 창의성으로 춤추기

Ⅲ 이렇게 실천했어요

1 탐구에 빠져들기

① 교과서 속 탐구 찾기

학기	단원	차시	탐구능력 요소	활동 내용
1	1. 우리 생활과 물질	08월 12일	관찰, 측정	액체의 특징 찾기
	1. 우리 생활과 물질	11월 12일	관찰, 분류	물질을 고체, 액체, 기체로 분류하기
	2. 자석의 성질	05월 10일	관찰	자석이 가리키는 방향 찾기
	3. 동물의 한살이	06월 11일	예상, 의사소통	동물의 한 살이를 관찰할 계획을 세우기
	4. 날씨와 우리 생활	02월 11일	측정, 예상	장소에 따라 기온 예상하고, 측정하기
	4. 날씨와 우리 생활	04월 11일	측정	풍향과 풍속의 세기 조사하는 기구 만들어 측정하기
2	1. 식물의 세계	03월 10일	분류	줄기의 자라는 모습에 따른 분류하기
	2. 지층과 화석	06월 10일	추리	화석을 보고 옛날의 모습 추리하기
	3. 열전달과 우리생활	04월 10일	관찰, 측정, 분류	온도차에 의한 물의 대류 관찰하기

4. 화산과 지진	09월 10일	예상	화산과 지진이 발생하는 지역

② 탐구에 빠져 들썩들썩

가. 탐구 다지기 활동을 실시하였습니다.

생활 속에 숨어 있는 과학을 학생들 스스로 발견하기 위해서는 일상생활과 주변을 자세히 관찰하고 의문을 가지며, 의문을 해결하기 위한 탐구과정을 거쳐야 한다. 차시별 수업 때 탐구에 푹 빠져 마음껏 참여하기 위해서는 탐구능력의 훈련과정이 필요하다. 이를 위해 탐구과정과 실험기구를 미리 지도하여 적용해보았다.

관찰, 측정, 분류, 추리, 예상에 대해 예를 들어 수업	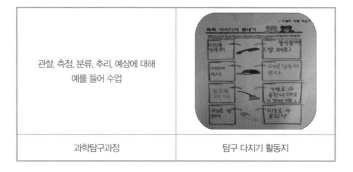
과학탐구과정	탐구 다지기 활동지

	몇 가지 도구들을 다른 것으로 사용해 보는 활동이었다. 물건은 꼭 정해진 것에만 사용하는 것으로만 생각했는데, 다른 용도로도 다양하게 생각해 보니 좀 엉뚱한 것 같긴 해도 재미있었다. 집에 가서 다른 물건들을 가지고도 많이 바꾸어보았는데, 앞으로 좋은 아이디어들을 낼 수 있을 것 같다.
탐구 다지기 활동 모습	활동을 마치고

나. 탐구 UP&UP을 위한 수업을 해보았습니다.

탐구과정을 경험해 보며 실생활에서 과학을 발견하고 과학적 문제를 해결하기 위해서 효과적인 학습모형을 탐색해 보았다. 이에 개념의 발견과 다양한 자료의 제시로 일반화에 적합한 발견학습모형을 적용하였다.

탐색 및 문제파악 → 자료제시 및 관찰 탐색 → 추가 자료제시 및 관찰 탐색 → 규칙성 발견 및 개념정리 → 적용 및 응용	
발견학습모형 적용	활동 결과물

	실험 기구가 있으면 어떤 방법으로 실험해야 할지 생각을 해요.
활동 모습	활동을 마치고

활동을 해보니

- 우리 아이들을 살펴본 결과 탐구 학습 기법에 대해서 많이 활동해 보지는 않은 것으로 조사되었는데, 본 탐구 활동을 하여 우리 아이들에게 무엇보다도 발견학습과 친해질 수 있는 기회를 제공하였다.

1 Smart 과학글쓰기 유형을 분석해 보았습니다.

단원명	탐구주제	과학글쓰기	창의성	적용	지도시기
1. 우리 생활과 물질	액체의 성질 알아보기	실험방법을 설명하는 글쓰기	정교성	전개	3월 1주
	공기가 있음을 알아보기	마인드맵으로 글쓰기	유창성	정리	3월 2주

2 다양한 Smart 과학글쓰기를 적용해 보았습니다.

수업 적용 시에는 각 차시의 수업 내용과 활동에 따라 과학글쓰기 유형을 수업 도입, 전개, 정리 중에 적용해보았다.

3 Smart 과학글쓰기 수업안을 살펴 보았습니다.

예비단계	생활에서 자석이 사용되는 예 찾기	
	자석 필통, 바둑판, 자석 집게, 클립통 등	
초점단계	어떻게 하면 잘 자석으로 기록한 정보를 잘 볼 수 있을지 토의를 해보자. – 사용하지 않는 카드를 사용한다. – 알코올에 철을 소량 섞어서 한두 방울 떨어뜨려야 한다. ● 실험과정을 설명하는 Smart 과학글쓰기 하기	통장 뒷면의 검은 때 이용 철가루가 배열된 모습
도전단계	자석으로 기록한 정보의 모습을 관찰해 보자. 	◀ 스포이트로 철 떨어뜨리기, 카드에 알코올 증발시키기
적용단계	또 다른 자석을 이용해서 정보를 기록하는 경우를 찾아보자. 녹음테이프, 비디오 테이프, 자기디스크 등	

4 수업장면을 들여다보았습니다.

▲ 장난 심한 민석이도 과학글쓰기엔 몰두하네?

▲ 실험하고 과학글쓰기 하니 너무 쉬워요!

- 수업 속에서 창의성과 곁들여 Smart 과학글쓰기 수업을 적용하였더니 실험하는 글쓰기 등 다양한 과학글쓰기를 자신 있는 모습으로 쓰게 되었다.

3 창의성에 빠져들기

창의성 사고 기능: 유창성, 융통성, 독창성, 정교성

① 창의성 학습장으로 기초를 다졌습니다.

▲ 독창성을 기르기 위한 자유탐구　▲ 융통성을 위한 과학 만화 그리기　▲ 유창성을 위한 마인드맵　▲ 정교성을 기르기 위한 짧은 글쓰기

2 창의성과 과학탐구, 과학글쓰기를 함께 했습니다.

▲ PT병, 종이컵, 알루미늄캔 등 다양한 실생활 자료로 들썩들썩 탐구해보자.

▲ 탐구력이 높아진 아이들, 스스로 오감을 통해 만져도 본다.

▲ 창의적인 Smart 과학글쓰기 하며 생각을 정리하고 지식을 재구성해가는 수정이!

활동을 해보니

- 우리 아이들을 살펴본 결과 창의성 사고력을 기르는 활동을 통해서 창의성 학습을 어려워하던 우리 아이들에게 무엇보다도 창의성 학습 기법과 친해질 기회를 제공하였다.

- 교과 내용과의 연계성을 고려하여 아이들이 좀 더 재미있어하고, 직접 몸으로도 체험할 수 있는 다양하고 창의적인 활동들을 개발하여야겠다.

Ⅳ 이렇게 달라졌어요

창의성 신장	• 여러 가지 창의적 사고 기능을 기르는 활동을 통해 자기 생각을 창의적으로 발산하는 능력이 생기게 되었다. • 과학과 교수 학습 전개 시 재구성한 창의성 학습 기법을 적용하여 지도한 결과 수업 속에서 자연스럽게 창의성 문제 해결능력이 많이 향상되었으며 이는 과학과에 대한 자신감도 함께 키워졌다.
과학글쓰기 능력 신장	• 다양한 과학글쓰기 수업으로 쓰기 능력 및 지식의 재구성 및 정리 능력이 향상되었다. • 다양한 과학글쓰기 수업으로 수업에 자신감이 있고, 말하기 능력도 키워졌다. • 과학과 교수 학습 전개 시 재구성한 과학글쓰기 학습 기법으로 적용하여 지도한 결과 수업 속에서 자연스럽게 창의성 문제 해결능력이 많이 향상되었으며 이는 과학과에 대한 자신감도 함께 키워졌다.
과학적 탐구 능력 향상	• 다양한 탐구 관찰 자료를 제시함으로써 직접 관찰, 실험, 조사활동이 활성화되어 탐구력 신장은 물론 과학교육에 대한 흥미와 태도에도 변화가 있었다. • 관찰탐구의 장을 조성 및 활용함으로써 교실에서의 과학과 학습이 더욱 활성화 되고 관찰의 폭이 더욱 다양해져 사물을 탐구하려는 의욕이 많이 북돋아졌다.

CRAB 코스 프로젝트로 커가는
꿈 채움 항해사들 요약서

1 진로교육 끝이 아닙니다

가. 계속 연구의 필요성

- 2013년도 연구결과의 시사점: 농촌 작은 학교에서 맞춤형 진로교육을 실시하여 단편적인 학생들의 진로의식 수준에서 벗어나, 학생들이 서로 탐색해보고 고민해보고 나를 알아가는 과정이 필요함을 인식.

- 2014년도 연구의 계속적 과제: 맞춤형진로체험장소 선정, 학생 수준에 맞는 학년군별 진로탐색활동, 지역사회와 연계한 체험활동의 지속적 추진 필요.

나. 연구의 목적

- CRAB 코스 프로젝트를 구안·적용하여 학생들이 다양한 일과 직업세계에 대한 탐색을 통해 자신의 소질과 적성을 재발견하도록 돕고자 하였다. 이를 통해 학생들이 자신의 꿈을 향해 가는 항해사가 되어 꿈을 채우며 성장하도록 하였다.

② 이렇게 설계합니다

가. 항해사들 : ○○초등학교 남 17명, 여 11명 계 28명

나. 프로그램 개발 방향

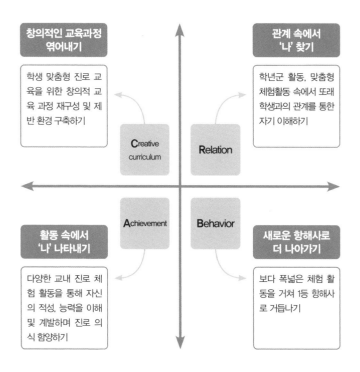

창의적인 교육과정 엮어내기

학생 맞춤형 진로 교육을 위한 창의적 교육 과정 재구성 및 제반 환경 구축하기

Creative curriculum

관계 속에서 '나' 찾기

학년군 활동, 맞춤형 체험활동 속에서 또래 학생과의 관계를 통한 자기 이해하기

Relation

활동 속에서 '나' 나타내기

다양한 교내 진로 체험 활동을 통해 자신의 적성, 능력을 이해 및 계발하며 진로 의식 함양하기

Achievement

Behavior

새로운 항해사로 더 나아가기

보다 폭넓은 체험 활동을 거쳐 1등 항해사로 거듭나기

다. 프로그램 설계도

CRAB코스

C코스
- 진로교육과정 수립
- 꿈을 실천하는 진로수업공개
- 전문성 개발 교사 컨설팅
- 사제동행 아침독서 운영
- 진로교육 기반 환경 조성

R코스
- 1~2학년군 꿈키우기 활동
- 3~4학년군 꿈키우기 활동
- 5~6학년군 꿈키우기 활동

A코스
- 꿈 풍선 날리기
- 과학의 달 행사
- 학교 뒤뜰야영 진로 캠프
- 독서의 달 운영
- 내안의 희망을 키우는 방과후학교
- 꿈 전문가와의 만남

B코스
- 관내 체험학습
- 관외 체험학습
- 진로 페스티벌주간 운영
- 변호인을 꿈 꿔보는 학생자치법정
- 영어와 함께 꿈 키우기

가. 아이들의 꿈 채움 결과

자기평가, 동료평가, 프로그램평가, 외부검사지

N=28

꿈 채움호 출항 Holland-Ⅲ 진로발달검사 SCI-Ⅱ 자아개념검사 M-FIT 다요인지능검사	꿈 채움호 항해 후 (사후 학교 자체 설문지)	변화 (항해 전후)	성과
진로 유형 찾기		진로유형에 관한 개념정 립 40% → 70%	• Holland-Ⅲ 등의 검사지를 도입하여 꿈 채움 확인함. • 진로유형개념정립 의 미흡한 점을 다양 한 진로체험활동을 통해 극복함.
적성 및 인식		다양한 나의 적성에서 꿈 과의 관련성 인지	• 나의 적성분야를 뚜렷이 알게 되었으 며 그에 따른 진로준 비와 꿈을 이루는 활 동을 실시함. • 꿈 채움 내면화 100%

			꿈 채움 체험활동의 다양화 20% → 50%	·꿈을 채우는 다양한 체험활동 재발견 ·초보항해사에서 나의 꿈을 발전시키는 1등 항해사로 재탄생
진로 체험				
프로 그램 (질적 분석)	전년도 Stylish APPLE 프로그램 – 진로에 관한 우리들의 인식을 바꾸어주었다. (긍정적 반응 77.1%) – 나의 꿈에 대해 좀 더 이해할 수 있었다. (적극적 태도 80.3%) – 전교생이 다 같이 하니 조금 불편함도 있는 것 같다.	올해 CRAB 코스 프로젝트 – 우리 지역의 다양한 진로체험을 할 수 있어 좋았다. – 우리에게 맞는 실제적인 진로체험이 이루어졌다.(요리선호도28% → 요리교실, 로봇과학자 20% → 로봇융합교육원 등) – 학년별로 실시하니 우리 수준에 맞고 더 좋은 것 같다.	학교진로교육 만족up 진로교육프로그램의 맞춤형 업그레이드	·가정에서의 꿈 체험 활동을 학교에서 실천 → 학교교육만족도 up ·학년군 위주의 활동으로 변경함으로써 개인 맞춤식 진로교육 가능 ·지역의 관공서와 학교와의 협력적 진로교육

나. 항해하는 동안 얻은 소중한 성과들

CRAB 코스 프로젝트

알리기

- 지역 신문을 통한 CRAB코스 프로젝트 홍보 23회
- 진로 교육 소식지(드림레터)발간을 통한 홍보 활동 현재까지 3회 실시-진로이야기, 자녀의 진로고민, 미래의 직업 세계, 다양한 대학교 소개 등

키우기

- 발명품 경진대회(도) 우수 1, (군) 금1 은1 동1
- 청소년과학탐구대회(군) 금2 장려1
- **지역최고!** 청소년과학탐구대회(도) 금1 동 1
- 사생대회(군) 대상1 금1 은2 동1 특선2
- 시낭송대회(군) 장려1

실천하기

- CRAB코스 프로젝트 프로그램 30회 실시
- 과학교육원, 육군 50사단, 관내관공서 등 20여개 외부기관과 연계
- 군인, 소방대원 등 꿈전문가 10여명 초청 및 만남
- 교내캠프1회, 페스티벌1회, 외부캠프 2회

넓히기

- 벤치마킹 2회(송○초, 원○초)
- 맞춤형 진로 컨설팅 2회 실시
- 교사 1인당 진로 관련 연수 30시간 이상 실시
- 진로 관련 공개 수업 10회 및 학교 자체 연수 9회 실시, 진로 교육 자료 개발 및 구입 예산 확보
- 학생 진로 상담 횟수 학년당 매월 1회 이상 실시

꿈 채움 항해사들!!

4 더 큰 꿈을 향해하는 아이들을 생각하며

　전년도와 달리 올해는 교육과정 최우선과제를 진로교육으로 설정하고 우리 지역의 전국적인 브랜드 상품인 ○○(본 연구보고서에서는 CRAB라 칭함.)를 이미지화한 코스(진로단계) 프로젝트를 학생진로교육에 접목하여 60km 청정해역에서 힘차게 꿈을 향해 항해하는 아이들을 위해 힘써 보았다.

　그 결과 아이들은 자신의 꿈과 관련된 대화를 하거나 도서관에서 직업과 관련된 책을 자발적으로 읽으며, 체험활동 장소를 꿈 체험을 할 수 있는 곳으로 정하는 등 발전적인 모습으로 성장하였다. 하지만 아이들은 꿈을 이루어야겠다는 소박한 목표는 정하고 있지만 구체적인 실천을 자발적으로 하는데 망설이는 모습을 간혹 보이기도 한다.

　꿈은 하루아침에 이루어지지 않는다. 성급한 꿈의 완성보다 자연스럽게 자신의 꿈으로 나아갈 수 있게 만드는 몫은 바로 연구자들에게 있으므로 꿈을 채우는 다양한 프로젝트를 개발하여 아이들의 1등 항해사 역할을 더욱 발전시켜 보아야겠다.

마인드 격려하라, 체험하라

금붕어 한 마리 드릴까요?

민우와의 만남은 민우가 5학년, 6학년 때인 2년째입니다. 담임이냐고요? 아닙니다. 작년은 과학과 도덕 수업으로 민우를 만났습니다. 지금은 과학 수업으로 만나고 있습니다.

바닷가 옆 작은 학교

과학 · 도덕 전담 시간에만 만나나? 아닙니다.

쉬는 시간 점심시간에도 방과 후 시간에도 복도에 다니며 수시로 만납니다. 또한 수요일 금요일은 등교 후 아침 사제동행 걷기도 하고 있답니다. 모든 학생과 교직원이 가족 같은 학교이지요.

이전 민우는 관내 이웃 학교에 다녔었습니다. 그때는 반 학생들과 사이가 좋지 않았습니다. 친구들에게 놀림당하고, 서로 때리고 욕하고 하는 그런 학생이었습니다. 이런저런 이유로 5학년 때 본교로 전학을 왔습니다.

과학 첫 수업

그 중 민우는 특이했습니다.

두 모둠으로 나누어 팀별수업을 진행하는데 민우는 어떤 친구와 눈으로 마주치기만 해도 화를 내고 욕을 했습니다. 마음에 상처를 입은 학생이었습니다. 화가 차 있는 학생이었습니다. 수업에는 관심이 없어 보였습니다. 혼자 중얼거리며 화를 내고 수업과 상관없이 말을 함부로 하고 방해했습니다. 교실에서 교과서와 필통도 준비해 오지 않는 경우가 여사였습니다.

담임 선생님과 함께 지도했습니다. 보통의 선생님과 다름없이 친구와 사이좋게 지내기, 수업 전 준비물 잘 챙겨오기 등등. 하지만 이 학생은 잘 듣지 않는 경우가 많았습니다. 긍정훈육법, 매직 1-2-3, 하브루타 질문수업, 협동수업 등 학생에게 맞는 기법 등을 적용했습니다. 과학실에서라도 좋은 말하기, 좋은 행동하기를 지켜야 함을 항상 강조하고 지도하였습니다.

또한 역할을 나누고 팀별수업에서 자기가 맡은 역할을 잘 수행하도록 지도도 하면서 책임감을 가지도록 하였습니다. 학생들을 자기가 맡은 역할 팀장(이끔이), 나눔이, 깔끔이를 열심히 하였습니다. 그리고 단원이 끝나면 관련 있는 영화수업도 진행하였습니다.

그렇게 수업을 하고 남아서 상담을 진행하고, 담임과도 상담하고 지도는 계속 되었습니다. 이렇게 저의 고민은 계속되었습니다.

'이렇게 화가 차 있고 불만이 많은 학생을 어떻게 지도하지?'

'어떻게 담임도 아니면서 수업에 참여하고 즐거운 학교생활을 할 수 있게 하고 관계를 회복하지?'

'정서적으로 안정되려면 어떻게 해야 할까?'

어느 날은 부레옥잠을 과학준비물로 구입해서 해당 학년 수업 후 수조에서 키우고 있었습니다. 수업하러 오면 부레옥잠을 잘 관찰하고 아는 것을 알리려고 저에게 이것저것 말했습니다. '아! 좋아하는 것, 관심 있는 것이 있구나! 어, 들어주는 상대가 필요하구나!'라고 생각했습니다. 그리고 부레옥잠 수업 후 남은 부레옥잠 세 개를 집에 가서 키울 수 있게 했습니다. 부레옥잠을 계기로 저와 민우는 대화가 되고 소통이 되었습니다. 주말이면 가끔 전화가 왔습니다. 부레옥잠이 크고 있고 어떻게 관리하고 있다고 이야기했습니다. 그 과정에서 자신의 가족 이야기도 조금씩 했습니다.

그러면서 과학 수업에도 관심을 가지고 수업에 참여하는 모습이 보이기 시작했습니다. 눈빛이 달라지고 있었습니다. 부정적인 말과 행동이 긍정적으로 변화고 있었습니다.

이 작은 바닷가에 위치한 작은 학교는 희망만 하면 모든 학생이 매일 다른 프로그램인 방과 후 활동에 참여할 수 있습니다. 민우도 참여를 했습니다. 영어, 우쿨렐레, 생활체육, 댄스, 코딩 등등 좋은 프로그램이 운영되고 있었습니다. 모든 학생이 참여하지만 댄스 수업은 민우가 집중하기 어려운 수업이었습니다. 즉 수업을 방해하거나 참여하기 어려웠습니다.

그래서 이 수업에는 담임과 부모가 협의하고 교실에서 담임 선생님과 보내거나 교감·교장 선생님 또는 저와 학교 안 운동장이나 학교 건물 주변을 걸으며 이야기하는 시간을 갖기도 하였습니다. 이때 민우의 모습은 정말 다른 학생이었습니다. 자기가 살아오면서 생각나는 것들, 기억에 남은 이야기들, 불만이 있던 사건들, 부모와의 관계 등 많은 이야기를 쏟아내었습니다. 저는 '아~', '응, 힘들었겠구나~', '그랬구나!' 등을 말하며 잘 들어주었습니다. 그렇게 제자와 일주일에 한 번 정도 걸으면서 소통하는 시간을 가졌습니다. 산책하듯이 걷는 편안한 시간이었습니다. 때로는 업무가 많아 못하는 날도 있었지만 기회가 될 때는 민우와 걷는 선택을 했습니다.

또한 민우는 엄마와 둘이 살고 있었습니다. 하지만 엄마와의 갈등이 심해 서로 스트레스를 주고받는 관계였습니다. 민우에게 집은 쉴 곳이 되지 못했습니다. 그런저런 까닭으로 동네에 살고 있는 외할머니 댁에서 살게 되었습니다. 그러면서 마음의 평안함도 찾고 있는 중이고 학교에 와서도 소통하면서 화를 푸는 과정을 거치면서 점점 긍정적으로 변해가고 있었던 거였습니다.

그리고 어느 날부터는 민우가 어항에 금붕어를 키우게 되어서 항상 금붕어에 대해 이야기 했습니다. 금붕어 사진도 보내주고 금붕어 키우는 방법에 대해 공부하면서 저에게도 많은 정보를 알려주었습니다. 그때는 그 어느 누구보다 박학다식한 전문가답게 박사들처럼 지식을 쏟아내었습니다. 선생님인 저의 딸이 초등학생 3학년 운동회 때 사 온 금붕어를 7년 정도 같이 키운 경험을 이야기하며 서로서로 더 흥미롭게 대화할 수 있었습니다. 하지만 7년 키우고 하늘나라로 보낸 이야기를 하며 빈 어항이 있다고 하니

"선생님, 금붕어 한 마리 드릴까요?"

감동의 순간이었습니다.

왜냐고요?

불만이 많고 늘 화를 내며 요구사항만 많던 학생이 저에게 자신이 키우는 작지만 소중한 금붕어를 준다는 말을 하니 정말 감동이었습니다. 민우에게 마음의 여유가 생겼음이 보였습니다.

'드디어 나의 노력의 땀들이 통했구나!' 싶어 감동이 밀려들었던 겁니다.

"하지만 선생님은 어항에 구피를 키울 계획이 있어."라고 알려주니 구피에 대해 또 여러 가지 정보를 알려주었습니다. 그러면서 선생님도 금붕어 키운 경험이 7년인데 잘 키울 수 있다고 말해주었답니다. 아직 구피를 사지는 못했지만 조만간 구피를 키우게 된다면 민우는 더 기뻐하고 자기가 아는 내용을 알려줄 것 같습니다.

이렇게 민우는 관심 있는 식물과 동물을 집에서 기르고 키우면서 마음이 건강해지고 있었던 겁니다.

민우는 그렇게 어항 3개에 금붕어 여러 마리, 학교에서 원예 수업 때 만든 호야 및 다육이들, 장수풍뎅이, 메추리 등을 키우면서 자기 혼자만의 시간을 알차게 보내고 있답니다. 그렇게 외할머니 댁에 살면서 키우고 기르는 자기 세상의 이야기를 저에게 아낌없이 알려주고 가르쳐주고 있답니다. 저 또한 살면서 강아지, 햄스터, 금붕어, 다육이, 기타 식물을 기르는 이야기를 한답니다. 그럴 때는 스승과 제자 사이가 아닌 친구 관계랄까요? 이런 관계 형성을 하게 되었답니다.

"민우야, 왜 선생님과 처음 만났을 때 말과 행동이 그렇게 거칠었을까?"

"선생님, 제가 사춘기였나 봐요."라고 웃으면서 자기식의 대답을 한다. 지나고 보니 그렇게 생각되겠지만 그때는 심각했다. 그때 전 민우를 지도하기 어려운 학생이라고 생각했는데……

지금은 보통의 학생이 되어 가고 있다. 그리고 자신의 흥미를 찾아 공부하고 노력하는 학생으로 말이다.

그르면서 저는 왜 전담 선생님인 나와는 사이가 매우 좋았는지에 대한 민우의 생각이 궁금해졌습니다.

며칠 전
"선생님이 왜 좋아졌지?"
"선생님은 식물과 동물 키우는 이야기를 잘 들어주고, 잘 지도해주고, 같이 걸어도 주고, 과학수업을 즐겁게 해주고,

제 이야기를 잘 들어주셔서요!"

　민우가 대답한다.
　기쁜 순간이었다. 보람된 순간이었다.
　이렇게 민우는 매일 만나고 걷고 인사하고 웃고 이야기한다.
　민우는 여전히 동식물을 사랑으로 키우며, 6학년 생활을 잘
하고 있다. 곧 무사히 중학교 진급도 할 것이다.

　어려운 기간을 잘 딛고 일어선 민우가 자신의 꿈을 향해 노
력하는 민우가 되기를 도와주고 믿어보렵니다.

마인드 격려하라, 반복하라, 마음근력 키워라
소심이의 마음근력 성장 이야기

- 소심이, 대심이 되다

소심이는 저를 만나기 전에는 다른 학교에 다녔었습니다. 4학년 때 전학을 왔습니다.

과학 첫 수업에서 만난 소심입니다. 그 중 소심이는 특이했습니다. 마스크를 쓰고 있어 눈빛으로 전 학생을 파악했습니다. 눈빛은 두려움과 걱정이 가득했습니다. 심지어 체험학습을 가서도 마스크를 쓴 채로 밥을 조금씩 먹기도 했습니다. 그렇게 소심한 행동을 많이 했습니다. 발표할 때는 떨면서 작은 목소리로 말하기도 합니다. 물론 여러 사람 앞에서의 발표는 언제나 긴장이 되기도 합니다.

과학시간. 탐구 협동수업을 합니다. 수업 시간에 소심이는 어떤 친구를 눈으로 마주치기만 해도 눈을 아래로 봤습니다. 마음에 상처를 입은 모습이었습니다. 같은 반 친구 지웅이는 이유 없이 소심이를 싫어하는 것처럼 보였습니다. 지웅이와 소심이와의 관계도 불안한 사이였습니다. 서로 미워하는 사이였습니다. 서로 눈만 마주봐도 서로의 눈에는 미움이 가득함을 알 수 있었습니다.

보통의 선생님과 다름없이 친구와 사이좋게 지내기를 지도하지만 지웅이는 잘 듣지 않는 경우가 많았습니다. 소심이는 지웅이와도 사이가 좋지 않았습니다.

여러 차례 상담을 진행하면서 서로 사이가 좋지 않은 이유를 알게 되었습니다. 교실에서 장난과 마음 조절이 잘 되지 않는 지웅이는 대부분 소심이를 불편하게 했고, 그걸 알게 된 담임교사는 지웅이를 혼낸 것입니다. 이것이 서로 미워하게 된 시작이었습니다. 물론 소심이도 지웅이에게 불편한 일을 했습니다. 그렇게 이렇게 저의 고민은 계속되었습니다.

'이렇게 눈빛이 흔들리며 두려움과 걱정에 차 있는 학생을 어떻게 지도하지?'

'어떻게 담임도 아니면서 수업에 참여하고 즐거운 학교생활을 할 수 있게 하고 관계를 회복하지?'

'정서적으로 안정적이 되려면 어떻게 해야 할까?'

저는 여러 차례 두 학생을 따로 만나 함께 소소한 이야기를 주고받으며 가까워졌습니다. 서로의 눈빛이 조금씩 부드러워지고 있었습니다. 말과 행동이 조금씩 변화하고 있었습니다.

이때 소심이와 지웅이의 모습은 정말 다른 학생이었습니다. 자기가 살아오면서 생각나는 것들, 기억에 남은 이야기들, 불만이 있던 사건들 등 많은 이야기를 하였습니다.

수업 후에도 소심이 및 지웅이와 대화를 많이 했습니다. 지웅이와의 관계에 대해서 말입니다. 소심이는 그래도 지웅이보다도 너그러운 이해심이 많은 아이였습니다. 지웅이의 상황을 말하면, 이해해 주는 누나 같았습니다. 그리고 지웅이의 회복과 덩달아 소심이와 더 발전된 관계가 되었습니다.

그러면서 두 학생의 마음의 평안함도 찾고 있는 중이고, 학교에 와서도 소통하면서 점점 긍정적으로 변해가고 있었던 거였습니다.

드디어 소심이, 지웅이는 6학년이 되었습니다.

교내 발명 대회가 열렸습니다. 그때 소심이가 참여했습니다. 그리고 아이디어가 우수한 덕분에 학교 대회에서 최우수상을 받게 되었습니다. 그래서 학교 대표로 군대회 및 도대회에도 참가하게 되었습니다.

작품명은 'ㅇ 급수통 및 먹이통'이었습니다. 담당 선생님의 병가 및 여러 이유로 저와 함께 발표 연습도 하고, 같이 대회에 나가게 되었습니다. 소심이는 저랑 같이 대회에 나가게 된 사실을 아는 순간 미소로 저에게 대답했습니다. 미소로 소심이가 저를 좋아하는 것을 알게 되었습니다. 아무래도 대회를 위해 교사와 학생 둘이 오랜 시간 함께 차를 타고 이동하기도 하고, 현장에서 지도를 해야 하는 상황이 많았는데 이미 저에게 호의를 가지고 있어 다행이었습니다. 소심이는 목소리도 아주 작고 가늘었습니다. 조금 떨리는 목소리를 낼 때도 종종 있었습니다. 그래서 좀 더 크게 말하기를 연습했습니다. 그리고 내용을 짧은 시간 안에 전달해야 해서, 빠르면서도 분명하게 말하기도 연습을 했습니다. 반복 또 반복했습니다. 술술 말하도록 연습했습니다. 할수록 소심이는 자신감을 찾아가고 있었습니다. 제가 안내한 대로 잘 따라 주었습니다.

"소심아, 이 작품은 소심이가 제일 잘 아는 거야. 심사자들도 잘 몰라. 그러니 더 자신 있게 말하는 거야. 응?"
"네, 선생님. 잘해볼게요."

하며 난 격려했습니다. 소심이는 자신을 믿고 자신 있게 하라고 말입니다. 그렇게 점점 목소리도 커지고 발음도 또박또박 분명해지고 있었습니다. 그때마다 난 응원하고 격려했습니다.

"소심아, 자꾸 반복해서 연습하니 좋아지고 있어!"

소심이는 쑥스럽게 웃으며 "선생님. 감사합니다."라고 대답했습니다.

드디어 도대회에 참가하게 되었습니다. 과학교육원 시청각실에서 같이 앉아 연습을 하였습니다. 다른 참가 학생들이 있지만 소심이는 중얼중얼 거리며 계속 연습하는 것이 아닌가?

발표 순서가 되었습니다.

"차분하게 잘하고 와. 질문에 모른다고 하지 말고 아는 대로 성의껏 대답을 하는 거야."
소심이에게 격려의 말을 해주었습니다. 소심이는 발표 후 질문도 잘 받고 나왔습니다.
소심이는 아주 기분이 좋아 보였습니다. 대단한 성장이었다고 생각했습니다.

이날 이후 소심이는 저만 만나면

"선생님, 대회 결과 나왔나요?"
"아니, 아직 더 기다려야 해. 나오면 알려줄게. 하하."
소심이는 많은 기대를 하고 있었는지 10번 이상 이렇게 저에게 확인 질문을 했습니다. 큰 상은 받지 못했지만 저와의 경험으로 소심이는 마음근력이 쑥쑥 자라는 것이 눈에 띄게 보이게 되었습니다.

수업시간에 조용하고 말없던 소심이가 큰 대회에 나가서 발표하고, 자신감 넘쳐 보이는 모습을 보게 되다니 말입니다. 전 감동의 순간들이었습니다. 많은 고난이 있지만 이런 학생들의 성장을 보기 위해 선생님을 하는 거겠지요?

역시 학생들의 성장은 한계가 없다고 생각하게 되는 계기였습니다. 교사가 믿고 학생을 지도하면 학생도 자신감을 얻어 성장한다는 것을 말입니다.

그리고 23년 7월 20일 '안전골든벨 경상북도 어린이 퀴즈쇼' ○○예선대회에 참가하여 예선에 통과하여 준결승전에 참가하는 영광을 누리게 되었습니다.

'역시 한번 잘되긴 어렵지만, 잘되기 시작하면 좋은 일들이 자꾸 일어나는가 보다.'라고 생각하기도 했습니다. 소심이는 안전골든벨 문제 은행을 출력하여 공부했습니다. 그리고 또

23년 11월 8일 나와 학생 둘이 수피아 미술관 야외 골든벨 장소로 가게 되었습니다. 두 번째 대회라 저랑 같이 가는 것을 소심이는 기뻐했습니다. 이 행사는 TV 방송 〈도전! 골든벨〉처럼 진행을 했습니다. 흥미진진했습니다. 소심이는 마음이 조금 불안해짐을 알 수 있었습니다. 경상북도 시군 예선전을 통과한 학생들과 문제를 풀고, 규모도 커졌기 때문이었으리라. 전 자리에서 같이 기다리며 대회 출전 때까지 같이 문제집을 보며 마음을 안정시켜 주었습니다.

식전공연, 식전소방안전교육, 개식 멘트, 국민의례, 인사말씀, 안내 후 퀴즈쇼가 시작되었습니다. 역시 대형 행사였습니다. 그리고 안전골든벨 어린이 퀴즈쇼, 패자부활전, 즉석 레크리에이션 등으로 진행하고 바로 시상식을 진행하며 마쳤습니다. 우리 소심이는 문제를 잘 풀어 나갔습니다. 하지만 중간에 탈락이 되기도 했습니다. 그럼에도 패자부활전에 다시 부활하여 문제를 풀어 나갔습니다. 행운이 함께해서 준결승전을 통과하게 되었답니다. 그리고 왕중왕전까지 출전 기회가 왔죠.

그렇게 12월에 나갈 대회 준비를 하게 되었습니다. 우물 안 개구리였던 소심이는 스스로 골든벨 문제를 풀며 준비를 해서 왕중왕전에 참가하게 되었습니다. 하지만 쟁쟁한 출전 대표들과 경쟁해서인지 상은 받지 못하였습니다. 하지만 대회 참여로 교사와의 친밀감 형성, 자존감 회복, 자신감회복 등 마음 근육을 키우는 경험이 되었답니다.

물론 과학 수업시간에도 성실하게 잘 참여했습니다. 지웅이와의 관계도 거의 회복이 되었습니다. 물론 지웅이도, 소심이도 과학을 좋아했지만 저와의 2년으로 과학을 더 좋아하게 되었습니다. 최근 어떻게 지내는지 소심이의 아버지와 전화통화할 일이 있어 대화를 하게 되었습니다.

"소심이 아버지, 소심이 중학교 가서 어떻게 지내나요? 5학년, 6학년 때 과학 수업하면서 그리고 발명대회와 골든벨 등 같이 하면서 많이 밝아졌었는데요. 소심이 어떻게 지내는지 궁금합니다."

"네, 선생님 감사합니다. 안 그래도 소심이는 아버지인 제가 봐도 걱정과 두려움이 많았습니다. 그러나 소심이는 선생님과 함께한 덕에 긍정적으로 변했습니다. 지금은 궁금한 것을 스스로 찾아서 하고, 학업성취도도 올라가고 있습니다. 또 밤늦게 시험공부도 하고 참 보기 좋아졌습니다."

졸업하고 이렇게 아버지와 대화하면서 긍정적인 소심이의 변화를 듣게 되어 기뻤습니다.

기쁜 순간이었습니다. 보람된 순간이기도 했습니다.

어려운 기간을 잘 딛고 성장하고 있는 소심이,
지금 이대로 하면 되겠다는 생각을 하게 되었습니다.

2년의 기간, 짧다면 짧고 길다면 긴 시간들이지만, 작은 학교라 더 저와 소심이가 친해지고 성장할 수 있음에 더 감사한 시간들이었습니다. 저의 노력뿐 아니라 교장 선생님, 담임 선생님, 방과후 선생님 등 학교 교직원 모두의 도움이라 생각합니다. 자신의 꿈을 향해 노력하는 소심이가 대심이가 되길 바랍니다.

※단디짝꿍이란 '단디'는 '단단히, 확실히, 제대로'라는 뜻을 가진 경상도 방언으로, 교원과 학생이 단단하게 하나로 짝꿍이 되어 삶의 위기를 극복한다는 의미를 담고 있습니다.

아이·부모·교사가 지름길인
행복으로 가기를 원한다

• • •

부모, 교사들이 이 글을 읽고

마인드가 변하고

지름길이 있다면 지름길로

남과 비교하지 않고

자신의 속도로 행복하게 걸어가길 바란다.

나는 참 대단할 것 없는 교사다.

아무것도 아닌 평범한 나도 했다.

당신도 할 수 있습니다.

여러분들은 좀 더 나은 마인드로 아이들을 따뜻하게 키우길 희망합니다. 부모님과 아이들이 행복하면 좋겠습니다. 아이들을 가르치는 선생님이 웃음과 미소로 때로는 엄하지만 자주 행복했으면 좋겠습니다.

감사하기

우리를 살아가게 하는 힘이다

. . .

마지막으로

글을 쓰게 한 분들

글을 쓸 수 있게 한 분들

나를 있게 한 사랑하는 부모님, 남편, 아들딸, 언니와 동생들에게 감사한 마음을 전한다.

그리고 이 책을 끝까지 읽어주신 분들

김봄날(미라클현)을 알아서 구입해 주신 분들

검색해서 이 책을 구입해 주신 분들

서점에서 이 책을 구입해 주신 분들

이 책을 읽은 분에게 소개받아 읽어주신 분들

당신에게 진심으로 감사한 마음을 전한다.

당신은 저와 결이 맞아 서로 끌어당기는 사람들이다.
언제 어디서든 스칠 것이다.
그래서 더 감사한 인연이다.
나의 글로 연결된 인연 소중하게 여길 것이다.
그리고 난 전하고 싶다.
"나의 소중한 인연을 가진 모든 사람들,
다 잘되고 더 잘될 것이다."란 마법을 걸어 주고 싶다.

이 책을 통해 아이 · 부모 · 교사 모두, 행복을 자주 느끼게
된다면 그보다 더 큰 보람은 없을 것이다.

사랑합니다.
축복입니다.
감사합니다.

2024년 7월

김봄날